Alexandre Lukasik

Der Schatz

Die Bibel, das meistgesuchte Buch der Welt

Zeugenaussagen über heutige Wunder

D1720017

Ausgabe GLIFA

Gute Literatur für alle - Bonne littérature pour tous

Die Bibelverse sind hauptsächlich aus der Schlachter Bibel 2000 zitiert.

Um die Anonymität zu wahren, wurden die Namen einiger Personen, welche in christenfeindlichen Ländern leben, zu deren Schutz geändert.

Herzlichen Dank an alle, die durch Anregungen, Korrekturen und Unterstützung zur Veröffentlichung dieses Buches beigetragen haben: Anne Cattin, May Chappuis, Leni Furrer, Muriel Lukasik-Selz, Liliane Pellegrini, Uta Schulz, Rose-Marie Wenger, Agnes Wiebe.

Die Reproduktion kurzer Auszüge dieses Buches ist ohne besondere Genehmigung des Herausgebers erlaubt.

© GLIFA 2011
Gute Literatur für alle - Bonne littérature pour tous
CH - 2606 Corgémont, Suisse
Fax 032 489 26 78
www.glifa.org
glifa@bluewin.ch

© Bibeln via Internet 2011
CH - 2035 Corcelles, Schweiz
Fax 032 730 26 91
www.bibles.ch
bibles@bibles.ch

ISBN 978-2-9700641-5-2 Der Schatz, GLIFA, Bibeln via Internet

EINLEITUNG

Die Bibel ist das meistgesuchte Buch der Welt, der grösste aller Schätze, wie der Autor des Psalms 119 schreibt:

„Ich freue mich über dein Wort wie einer, der grosse Beute findet... Das Gesetz, das aus deinem Mund kommt, ist besser für mich als Tausende von Gold- und Silberstücken... Ich freue mich an dem Weg, den deine Zeugnisse weisen, wie über lauter Reichtümer."

Die Bibel ist auch unser tägliches Brot. Jesus hat gesagt: „Der Mensch lebt nicht vom Brot allein, sondern von einem jeden Wort, das aus dem Mund Gottes hervorgeht!" (Matthäus 4/4)

Diese Christin im Irak hat lange auf eine Bibel gewartet. Sie ist arm und wohnt in Kurdistan, wo Bibeln äusserst selten sind. Tief gerührt und voller Ehrfurcht küsst sie den soeben erhaltenen Schatz: das Wort Gottes!

Die Bibel ist kein gewöhnliches Buch. Sie ist einmalig, ein Liebesbrief, in dem Gott seine Zuneigung zu den Menschen durch Jesus Christus offenbart.

Gestern wie heute suchen Millionen Männer und Frauen auf der ganzen Welt eine Bibel. Sie hungern nach Gottes Wort. Sie möchten das Leben aus Gott erhalten.

Rudi Lack (1942-2010), Gründer von GLIFA, verteilt Bibeln in Tansania, wo 400'000 Kriegsflüchtlinge in Flüchtlingslagern leben. Tausende Gläubige füllen die Kirchen – doch Bibeln sind kaum vorhanden!

Während Jahrhunderten wurde die Bibel nicht in die Volkssprachen übersetzt. Sie war nur wenigen Privilegierten, die über Lateinkenntnisse verfügten, zugänglich.

Im 16. Jahrhundert übersetzten Luther, Tyndal und Olivetan die Heilige Schrift ins Deutsche, Englische und Französische. Endlich konnte jeder Gläubige die Bibel in seiner Sprache lesen und verstehen.

Das Volk lechzte nach dem Wort Gottes. Als der Reformator Froment, ein Schüler Guillaume Farels, 1533 in Genf das Evangelium verkündigte, hob ihn eine riesige Menschenmenge auf die Bank einer Fischhändlerin am Molard-Platz, und von überall her ertönten Rufe: "Predige uns das Wort Gottes!" Froment gebot Ruhe: „Fleht mit mir zu Gott!" Dann fiel er auf die Knie und betete weinend zu Gott, bevor er wieder auf die Bank stieg und zu predigen anfing.

Unter allen Büchern ist die Bibel der grösste „Erfolg" der Menschheitsgeschichte. Homer wurde in 40 Sprachen übersetzt, Shakespeare in 60. Doch die Bibel wurde ganz oder teilweise in nahezu 2'500 Sprachen und Dialekte übersetzt!

Und dennoch haben Millionen von Christen in der Dritten Welt keinen Zugang zur Bibel. Sie sind einfach zu arm, um sich eine zu kaufen. Im Kongo, in Ruanda und in Madagaskar besitzen 90 % der Christen keine Bibel. Oft schreiben sie Bibelstellen von Hand ab, um sie mit der Familie zu lesen und sich geistig zu ernähren.

In Kigali (Ruanda) reissen sich Studenten um die letzten Gratisbibeln der Mission "Bibeln via Internet".

Die Bibel ist auch das meistgesuchte Buch in Algerien, im Iran und in Pakistan sowie in vielen anderen muslimischen und für das Evangelium verschlossenen Ländern. Für zwei Milliarden Menschen auf islamischer Erde ist die Bibel ein unerreichbarer Schatz.

Abdullah in Algerien hatte den christlichen Glauben durch das Radio kennengelernt und den Islam verlassen. Er wollte Jesus nachfolgen und suchte überall nach einer Bibel.

Schliesslich stiess er auf unsere Internetseite. Tief bewegt teilte er später unserem Mitarbeiter mit: „Zum ersten Mal in meinem Leben halte ich eine Bibel in meinen Händen! Auf diesen Moment warte ich seit vierzig Jahren!"

Die Bibel ist auch das meistgesuchte Buch in Erweckungsländern wie China, Indien, Äthiopien und Nepal.

In Nepal (Himalaya) stehen Christen Schlange, um eine Bibel zu empfangen. Dieses hinduistisch-maoistische Land zählte 1960 nur gerade 25 Christen. Heute sind es über eine Million – die Erweckung ist da!

1960 lebten in Nepal nur eine Hand voll Christen. Heute schiessen Kirchen wie Pilze aus dem Boden, und man zählt bereits mehr als eine Million Christen. Hier wächst das Christentum am schnellsten in der Welt.

Auch für Menschen, die nach dem Sinn des Lebens suchen, ist die Bibel das meistgesuchte Buch. Laut Google-Statistik fragen täglich zwei bis drei Millionen Menschen im Internet nach Gott und suchen Antworten auf geistliche Fragen.

Gott handelt, rettet, heilt und erweckt Nationen – heute wie gestern. Er spricht zu Menschen im Traum. Er wirkt Wunder und bestätigt sein Wort gemäss Markus 16, 20: „Der Herr bekräftigte das Wort durch die begleitenden Zeichen."

Das Wort Gottes verändert Leben! 1983 erzählte mir ein portugiesischer Student am Biblischen Institut Monte Esperanza von Lissabon, wie er zum Glauben gefunden hatte – dank einer „per Zufall" im Schnee gefundenen Bibel:

— Als Holzfäller habe ich am Bau einer Pipeline im Norden Kanadas gearbeitet. Der Winter war hart. Täglich trotzten wir der Kälte, wenn wir mit dem Hubschrauber zur Baustelle flogen. Eines Tages fand ich im Schnee ein Buch. Im Hotelzimmer taute es auf, es war eine Bibel. Ich fing zu lesen an und verstand, dass Gott Jesus Christus gesandt hatte, um mich zu retten. Diese Botschaft hat mein Leben komplett umgewandelt. Ich verliess meine Arbeit, um Pastor zu werden…

Als Gutenberg den Buchdruck erfand, war das erste gedruckte Buch eine Bibel. In den kommenden fünf Jahrhunderten wurden mehrere Milliarden Exemplare gedruckt. Die Bibel ist das meistverbreitete Buch der Welt.

Durch verschiedene Missionen hilft die Schweiz mit bei der Aussaat von Gottes Wort, unter ihnen das Missionswerk *Bibeln via Internet,* das seit 2002 zur Bibelverbreitung in der ganzen Welt beiträgt.

2004 schrieb der bekannte Westschweizer Pfarrer Maurice Ray in den Monatsinfos von *Bibeln via Internet*: « Die Bibel ist das einzige Buch der Welt, das uns über den Sinn und das Ziel unseres Lebens aufklärt. Sie wird zum Schatz für jene, die sie erhalten, und „bereichert" die, die sie schenken. »

Dr. Alexandre Lukasik
Gründer der Mission « Bibeln via Internet »

1. DIE CHRISTLICHE BERUFUNG DER SCHWEIZ

Die Geschichte der Bibel ist auch eng mit der Schweiz verbunden, einem Land mit christlicher Berufung. Der Schweizerpsalm, die Nationalhymne, erhebt den allmächtigen Schöpfer und ruft auf zum Gebet und Gottvertrauen:

...Du Hocherhabener, Herrlicher, Menschenfreundlicher, Liebender, Unergründlicher, Ewiger, allmächtig Waltender, Rettender... Betet, freie Schweizer, betet...Lasst uns kindlich ihm vertrauen...

Gott hat dieses schöne und wohlhabende Land gesegnet. Viele Menschen aus der ganzen Welt würden gerne hier leben! Ein amerikanischer Missionar sagte eines Tages zu mir: – Ah, die schöne Schweiz, dort zu leben, einen roten Pass mit weissem Kreuz zu besitzen – das wäre mein Traum!

Dann erzählte er mir die Anekdote, wie Gott die Schweiz und die Alpen mit dem „Abdruck seiner Lippen" geformt habe:

– Nachdem Gott die Erdkugel gebildet hatte, nahm er sie in seine Hände und betrachtete sie mit Bewunderung. Er sah, dass sie gut war und berührte sie küssend mit seinem Mund. Doch die Oberfläche war noch frisch und haftete an seinen Lippen, es entstand ein Relief – die Alpen und die Schweiz!

Die Schöpfung und die Heilige Schrift

Der französische Biophysiker Henri Devaux schrieb in *Les trois premiers chapitres de la Genèse*:

„Wir kennen zwei Offenbarungen: Die Schöpfung und die Heilige Schrift. Mit Bewunderung studiere ich seit 60 Jahren das erstaunliche Buch Genesis (1. Mose). Diese lange Studie bestärkt meine Ansicht, dass diese beiden Quellen perfekt übereinstimmen."

Was gibt es Schöneres, als auf Bergwanderungen die Grösse des Schöpfers zu betrachten? In diesem Kapitel möchte ich den Leser mitnehmen in die Bündner Alpen:

Ein steiler Weg schlängelt sich durch den Wald, gesäumt von Rhododendron, Enzian und Glockenblumen. Mauerläufer breiten ihre roten Flügel aus zum wohligen Sonnenbad.

Wie riesige Juwelen erscheinen die Granitblöcke, eingefasst in das Wurzelgeflecht von Kiefern und Lärchen, wo sich Eichhörnchen in rotbraun glänzendem Fell in geschickten Sprüngen tollen. Sanftmütige Kühe weiden am Ufer von smaragdfarbenen Bergseen.

Auf nackt-grauem Fels entspringt ein zierliches Büschel rosa Hauswurz und verleiht ihm Leben und Farbe. Unverkennbar – ein Meisterwerk des Schöpfers!

Aus der Ferne hören wir einen Pfeifton und drehen uns um. Am gegenüberliegenden Berghang kriecht eine rote Raupe: Wie eine Modelleisenbahn schlängelt sich der Bernina-Express durch den Wald. Meine Frau und ich erreichen die Moräne, die den Morteratschgletscher um 400 Meter überragt. In 130 Jahren hat die Klimaerwärmung die Gletscherzunge um zwei Kilometer verkürzt.

Von hier aus sehen wir alles aus der Vogelperspektive. Was für ein Schauspiel! Wir spüren die Allgegenwart Gottes. Dort unten sieht alles winzig aus. Touristen, klein wie Ameisen, überqueren eine Brücke und betreten die Ausläufer des Gletschers.

Am tiefblauen Himmel steht die Sonne am Zenith. Die Wanderer grüssen mit *Grüezi* und *Grüss Gott*. Wasserfälle hüllen uns in prickelnde Frische ein. Welche Wonne, unsere Füsse in das klare, eiskalte Wasser zu tauchen!

Der in den Felsen gehauene Pfad wird enger und steiler. Bei jeder Wegkehre haben wir das Gefühl, Gott selber erwarte uns dahinter, um uns die Hand zu reichen und uns mit seiner Liebe zu überschütten. Gottes Spuren sind überall!

Bei der Boval-Hütte eröffnet sich uns ein atemberaubender Blick auf die verschneiten Gipfel des Piz Palü und des Piz Bernina. Sind wir im Vorzimmer des Paradieses? Nicht umsonst heisst eine Nachbarhütte *Paradies-Hütte*.

Die Schweiz – die Alpenwelt erzählt von der Grösse des Schöpfers. Wie eine Riesenzunge zieht sich der Morteratschgletscher von den verschneiten Gipfeln des Piz Palü und des Piz Bernina herunter.

Die Schweiz – berufen zu segnen!

Vor dem überwältigenden Hintergrund von Gipfeln und Gletschern weht die Schweizer Flagge im Wind. Sie fasst so gut die zentrale Botschaft des Evangeliums zusammen.

► Die rote Farbe symbolisiert das Leiden und Blut des Christus und seine Königswürde.

► Das weisse Kreuz erinnert uns an Golgatha, wo Jesus Christus für die Erlösung aller Menschen gestorben ist.

Aber die Schweiz ist weit mehr als schöne Landschaften, Alpen, Schokolade und Uhren. Das kleine Land, das vor Gott einen Bund geschlossen hatte, wollte immer eine Quelle des Segens für andere Nationen sein.

► Gegründet „Im Namen des Allmächtigen Gottes" ist die Schweiz ein christliches Land mit einer besonderen Berufung.

► Bereits in der Präambel bezieht sich die Bundesverfassung auf Gott.

► Die Inschrift *Dominus Providebit* auf dem Fünffrankenstück bedeutet *Der Herr wird vorsorgen*, (gemäss 1. Mose 22,8) und erinnert an die Treue und die Versorgung Gottes.

► Seit 1831 ruft der Eidgenössische Dank-, Buss- und Bettag das Volk jedes Jahr im September in die Gegenwart Gottes.

► Ganz oben auf der Kuppel des Bundeshauses prangt 60 Meter über dem Bundesplatz das Kreuz.

► Zahlreiche humanitäre Hilfsorganisationen wurden von Schweizern ins Leben gerufen. Die bekannteste ist das Rote Kreuz, gegründet vom Genfer Henri Dunant.

► Auch bei der Organisation von Friedenskonferenzen und Friedensverhandlungen spielt die Schweiz eine Rolle.

► Die Schweiz hat eine Berufung zur Ausbildung von Missionaren. 1974 versammelte der Evangelist Billy Graham in Lausanne 2'500 Pastoren und christliche Leiter aus aller Welt zum ersten *Internationalen Kongress für Weltevangelisation*. Er wurde vom *Time Magazin* als das wahrscheinlich bedeutendste christliche Ereignis des Jahrhunderts beschrieben und gipfelte in der *Lausanner Verpflichtung*, einer grundlegenden Erklärung, die Christen aus aller Welt vereint.

▶ Ebenfalls in Lausanne eröffnete die internationale Missionsbewegung *Jugend mit einer Mission* 1969 ihr erstes Schulungszentrum. 2011 zählt JMEM 18'000 Missionare in 180 Ländern, rund 1'000 Zentren und 250 Schulungen.

Die Schweiz und die Bibel

Im Jahr 1544 hat die Stadt Genf das berühmte Leitwort adoptiert *Post Tenebras Lux,* was bedeutet *Nach der Finsternis das Licht.* Es bezieht sich auf das Licht des Wortes Gottes:

„Dein Wort ist meines Fusses Leuchte und ein Licht auf meinem Weg." (Psalm 119/105)

Die Schweiz trug weitgehend dazu bei, das Wort Gottes in die Volkssprachen zu übersetzen und zu verbreiten. Auf Deutsch erschien 1531 die *Froschauer Bibel* von Zwingli, 1902 die *Schlachter Bibel* von Franz Eugen Schlachter, es gibt die *Neue Genfer Übersetzung NGÜ*, und sogar ins *Berndütsche* wurde die Bibel übersetzt. Weltweit prägend sind vor allem auch die Übersetzungen ins Französische.

Es war in Neuenburg, wo Olivetan 1535 die erste Bibelübersetzung auf Französisch vollendete.

Im selben Jahr wurde diese erste französische Bibel von Pierre de Vingle in Serrières, bei Neuenburg, gedruckt.

1744, zwei Jahrhunderte später, erarbeitete der Pfarrer Jean Frédéric Ostervald eine revidierte französische Bibel. Diese blieb während 200 Jahren die meistverbreitete Version in der französischsprachigen Welt.

In den Jahren rund um 1870 übersetzte der Genfer Theologe Louis Segond anhand von hebräischen und griechischen Originaltexten die Bibel ins Französische. Seine Version wird bis heute von Millionen französisch sprechenden Christen bevorzugt.

Im Denkmal vor der Stiftskirche in Neuenburg erhebt Guillaume Farel die Bibel hoch über das ganze Land.

„Denn das Wort Gottes ist lebendig und wirksam und schärfer als jedes zweischneidige Schwert und dringt durch, bis es scheidet sowohl Seele als auch Geist." (Hebräer 4,12)

Von Neuenburg aus lehrte der Wanderprediger Guillaume Farel das Wort Gottes, wo immer er konnte: Auf öffentlichen Plätzen, in Küchen... Ein Stein oder ein Schemel genügte, um das Evangelium zu verkündigen.

Heute helfen Organisationen wie der *Bibellesebund, die Gideons, die Bibelgesellschaft, Open Doors, Das Haus der Bibel, GLIFA, Bibeln via Internet, Bibeln für China usw.* bei der Verbreitung von Gottes Wort in der ganzen Welt mit.

2. DAS ABENTEUER „BIBELN VIA INTERNET"

Dank Gottesmännern und Missionaren wie Olivetan, Ostervald, Pierre de Vingle und Farel hat die Stadt Neuenburg schon immer eine besondere Rolle bei der Verbreitung der Bibel gespielt.

Das Missionswerk *Bibeln via Internet* setzt diese Tradition fort. Bemerkenswerterweise wurde es im Nachbarort von Neuenburg gegründet, wo vor Jahrhunderten die erste Bibel ins Französische übersetzt und gedruckt worden war. Innerhalb von zehn Jahren konnte die Mission über vier Millionen Gratisbibeln und Bibelteile in 170 Ländern verteilen.

Dieses Buch gibt das Wort denen, die uns schreiben, um zu danken. Ihre Berichte zeigen die Wunder und die Liebe Gottes, der auf übernatürliche Weise ihr Leben verändert hat. Die meisten Zeugnisse kommen aus Pakistan, Nepal, dem Kongo und Algerien, weil wir dort grosse Mengen von Bibeln verbreiten.

Bibeln via Internet antwortet auf den geistlichen Hunger in der heutigen Welt. Es ist ein Abenteuer des Glaubens, das beinahe nie begonnen hätte…

In der Wüste…

Das Jahr 2001 war für mich wie eine Wüstendurchquerung. Nachdem ich das Regionalfernsehen mit christlichen Beiträgen *Canal Alpha+* gegründet und während 14 Jahren geleitet hatte, wurde ich sehr krank.

Endlose Kämpfe für die Aufrechterhaltung der Fernsehkonzession (die christliche Note wurde stark umstritten) hatten mich körperlich, seelisch und geistlich erschöpft und ausgebrannt. Ich versank im tiefen Loch der Depressionen und Selbstmordgedanken.

Am Boden zerstört, musste ich sämtliche Aktivitäten aufgeben. In meiner Not konnte ich nur noch zu Gott flehen, dass er meinen Kopf über Wasser halten möge. Während in meinem Herzen das Feuer der Liebe zu Jesus und zum Evangelium brannte, dachte ich, mein Leben sei zu Ende, und ich würde nie wieder für irgend etwas nützlich sein.

Der lutherische Pfarrer Henri Hartnagel machte mir am Telefon Mut:

– Alexandre, denk an die Verheissung in Psalm 65, 10: *„Der Strom Gottes hat Wasser in Fülle!"* Auch für dich hat Gott noch viele Segnungen bereit, selbst wenn du heute durch die Wüste gehst.

Er hatte Recht. Gott blieb seiner Zusage treu. Nach und nach kehrten meine Kräfte zurück. Ein Jahr später sah ich das Ende des Tunnels. Ein neuer missionarischer Eifer zur Verkündigung des Evangeliums hatte mich ergriffen.

Doch wie konnte ich die Gute Nachricht bekannt machen? Ich hatte keine Ahnung.

Weltweit war das Internet in vollem Aufschwung. Während meiner Krankheit surfte ich stundenlang im Netz und spielte Schach gegen Unbekannte. Zwischen zwei Zügen „chattete" ich mit ihnen über das Evangelium.

Eines Tages war mein unsichtbarer Gegner eine in Frankreich lebende arabische Frau. Während des Schachspiels erzählte sie mir von ihrer Scheidung, von ihren Nöten und Schwierigkeiten in der Kindererziehung. Sie öffnete sich für Gott und das Evangelium, und so sandte ich ihr eine Bibel.

Mir wurde bewusst, dass das Internet ein wunderbares Mittel zur Bekanntmachung des Evangeliums sein könnte, doch nie hätte ich gedacht, dass Gott mich eines Tages dazu auffordern würde, es in solch weitem Rahmen dafür zu nutzen! Bis zu jenem Morgen des 21. Dezembers 2001…

Gott spricht zweimal

Als ich an diesem Tag erwachte und betete, war es noch dunkel. Wie ein Geistesblitz schoss mir der Gedanke durch den Kopf: „Die Bibel über das Internet verbreiten!" Hatte Gott zu mir gesprochen? Ich bin lieber zurückhaltend mit solchen Versicherungen.

Doch ich setzte mich sofort an den Computer und suchte nach Möglichkeiten, über das Internet kostenlos eine Bibel zu erhalten.

Welche Enttäuschung! Ich fand keine Mission oder Organisation, die einen solchen Dienst anbot!

Die Idee schien ausgezeichnet, das meistverbreitete Buch mit dem schlagkräftigsten Kommunikationsmittel der Welt zu verbinden! Wie kam es, dass noch niemand daran gedacht hatte, die Bibel gratis über das Internet anzubieten?

Die Antwort war einfach: Es ist zu kostspielig! Eine Bibel kostete damals rund acht Schweizerfranken, der Versand in die Dritte Welt fast noch einmal so viel. Mit fünfzehn Franken pro Bibel musste sehr viel Geld gefunden werden, um den möglicherweise zahlreichen Anfragen gerecht zu werden.

Nach und nach realisierte ich, dass dieses Projekt keine Zukunft hatte. Die Schweiz steckte in einer Wirtschaftskrise, und die Christen wurden laufend um Spenden gebeten. „Ich erhalte Hunderte von Anfragen pro Jahr", sagte mir ein Freund. Wie konnten wir Freunde und Partner finden, die sich für eine solche Aufgabe interessierten? Wie eine rechtskräftige Organisation gründen, eine Webseite erstellen, die nötigen Räumlichkeiten finden?

Auch war das Internet für viele Christen mit zu viel Negativem verbunden, als dass man es für die Verbreitung der Heiligen Schrift gebrauchen könnte. Unter diesen schwierigen Bedingungen gab ich die Idee auf.

Elf Tage später sprach Gott noch einmal. Am 1. Januar 2002 griff ich zum Telefon, um Pfarrer Maurice Ray, meinem langjährigen Freund, ein gutes neues Jahr zu wünschen. Drei Jahre später rief Gott ihn dann zu sich.

Maurice war eine emblematische Figur des westschweizerischen Protestantismus. Während 27 Jahren hatte er den Bibellesebund geleitet. Ich hatte das Vorrecht, mit ihm zusammen rund 50 Fernsehsendungen über die Bibel zu drehen.

Er nahm den Hörer ab und sagte mit seiner wohlklingenden Rundfunkstimme:

– Was für eine Freude, dich zu hören! Der erste Anruf in diesem Jahr!

Am Ende unseres Gespräches, ohne genau zu wissen warum, erwähnte ich:

– Maurice, vor ein paar Tagen bin ich mit der Idee aufgewacht, Bibeln über das Internet zu verbreiten. Wie denkst du darüber? Die Idee erscheint gut, aber sie ist finanziell absolut undurchführbar…

Im Tiefklang seiner Autorität antwortete er mir:

– Was für eine ausgezeichnete Idee, das Internet für die Verbreitung von Gottes Wort zu benutzen! Ich unterstütze dich voll! Du bist ein Visionär und Pionier, gesundheitlich geht es dir wieder besser. Gott hat dir alle Kompetenzen gegeben, um die Herausforderung anzunehmen und diese Mission durchzuführen. Nur zu!

Verdattert legte ich den Hörer auf. Konnte ich Gott noch einmal mit einem „Nein" antworten?

In den folgenden Tagen begann ich – ohne grosse Begeisterung oder Überzeugung – die Idee der Bibelverbreitung übers Internet meiner Umgebung mitzuteilen.

Die Reaktion meiner Freunde war immer die gleiche: – Keine schlechte Idee, aber undurchführbar...ich habe keine Zeit...bin schon in anderen Bereichen engagiert...versuch doch, jemand anderen zu finden...und was, wenn zu viele Anfragen für eine Gratisbibel kommen? Dann können wir nicht Wort halten, und die Leute sind enttäuscht...

Schlussendlich waren wir vier mutige, um nicht zu sagen „verrückte" Christen, die sich an einen Tisch setzten und im Februar 2002 die Mission gründeten, deren Name alles sagt: *Bibeln via Internet.*

Nur das Wort „Gratis" fehlte, doch unsere Homepage www.bibles.ch zeigt dies klar.

Morges, 2004. Das letzte Foto mit Maurice Ray. Gesundheitlich bereits sehr geschwächt, ermutigte er mich noch, eine grosse Anzahl dieser Bibeln zu drucken im gebundenen, sehr soliden Hardcoverformat, das auch der feuchten Hitze in Afrika standhält. Heute drucken wir mehrmals pro Jahr jeweils 100'000 Exemplare. Sie werden in Paketen, auf Paletten und in Containern verschickt.

Von tausend pro Jahr zu tausend pro Tag!

Das Abenteuer begann – mit Gottes Hilfe! Beim Unterschreiben der Statuten war unser Glaube nicht grösser als ein Senfkorn. Wir beteten: „Herr, hilf uns, das Geld zu finden, um tausend Bibeln zu versenden!"

Wir hatten einen winzigen Samen gesät, aber Gott liess ihn schnell wachsen. Am Ende des ersten Jahres hatten wir nicht 1000, sondern 1667 Bibeln kostenlos in alle Welt versandt!

Im darauf folgenden Jahr waren es schon 5'548, dann 17'965, im Jahr 2005 – 34'000 Exemplare. Und dann stieg die Kurve rasant an. „Wie eine Rakete, die in die Höhe schiesst", kommentierte ein Vorstandsmitglied.

Unsere grösste Sorge war, Bittende enttäuschen zu müssen. Was, wenn in einem Jahr 10'000 Personen um eine Bibel bitten würden, aber unsere Mittel reichten nur für 1'000? Ständen wir da nicht als „Lügner" in ihren Augen da?

Doch gerade in diesem Bereich wirkte Gott ein *Wunder*. In den darauf folgenden Jahren sorgte Gott durch Spenden für die notwendigen Mittel, um allen Bitten nach Bibeln gerecht zu werden (mit Ausnahme von missbräuchlichen Anfragen).

Gott hat unsere Gebete beantwortet und alle unsere Hoffnungen übertroffen! Zehn Jahre später versenden wir nicht **tausend Bibeln pro Jahr, sondern tausend Bibeln pro Tag!**

Unser anfängliches Ziel war einfach, jedem, der uns über das Internet darum bitten würde, eine französische Bibel zu schenken. Doch heute versenden wir neben einzelnen Bibelpaketen jährlich mehrere Container mit rund 50'000 Bibeln nach Afrika!

Komplette Paletten mit Bibeln werden nach Haiti, Libyen, in den Tschad und die Elfenbeinküste gesandt. Wir drucken Bibeln in Minsk oder Sri Lanka, jeweils 100'000 Exemplare, und kaufen Tausende von Bibeln bei Bibelgesellschaften in der Schweiz, in Tansania, Pakistan und Nepal.

Zusammen mit Missionspartnern schmuggeln wir Bibeln zu Tausenden in für das Evangelium verschlossene Länder wie Algerien, Marokko, Laos und Nordkorea.

Französische Militärgeistliche in Afghanistan bitten um Bibeln für die Soldaten.

Wir drucken Tausende von Bibeln, die dann mit Eselskarawanen in den Iran eingeschleust werden.

In den irakischen Bergen wartet die mit Bibeln beladene Eselskarawane auf den Abmarsch Richtung iranische Grenze. So gelangen jeden Monat ungefähr 6'000 Bibeln in Farsi (Persisch) in den Iran.

In zehn Jahren haben wir mehr als vier Millionen Bibeln und Bibelteile in 170 Länder versandt: nach Ruanda, Kamerun, Togo, Pakistan, Syrien, Libyen und China.

Manchmal müssen wir zuerst nachsehen, wo all die Länder und Inseln liegen, aus denen Anfragen über das Internet an uns gelangen: Vanuatu, Samoa, Sankt Helena, São Tomé, Sarawak, Königreich Tonga, Rodrigues, Namibia, Mayotte, Swasiland, Jungferninseln, Wallis und Futuna oder Sambia.

Die Arbeit hat sich weit ausgedehnt dank Partnerschaften mit Organisationen wie *GLIFA*, *Top Chrétien*, *France pour Christ*, *Life Agape*, *Campus für Christus* und unseren Teams in verschiedenen Ländern Asiens und Afrikas: Pakistan, Nepal, Hongkong, Benin und vielen weiteren.

Sie suchen Gott im Internet

Laut einer Google-Statistik suchen täglich zwei bis drei Millionen Menschen im Internet nach Gott und nach Antworten auf Glaubensfragen, auch in vielen für das Evangelium verschlossenen Ländern.

In Internet-Cafés können sie ohne Aufsehen zu erregen eine Bibel bestellen und die Gute Nachricht von Jesus Christus erfahren. Hanspeter Nüesch, Leiter von *Campus für Christus Schweiz*, schreibt im Infoblatt von *Bibeln via Internet*:

„Via Internet kann man das Evangelium Menschen verkündigen, die durch klassische Evangelisation oder durch den Dienst der lokalen Gemeinden nicht erreicht werden. Das Internet ist anonym. Hier sind die Menschen viel empfänglicher und offener. Die Internet-Generation ist ohne das Wort Gottes gross geworden. Es ist wichtig, ihnen die Bibel kostenlos zur Verfügung zu stellen."

Die Verantwortlichen der Webseite *Gottkennen.com* vermuten, dass „dank dem Internet in den nächsten Jahren eine Milliarde Menschen mit dem Evangelium erreicht werden können. Unter ihnen werden schätzungsweise 100 Millionen ihr Leben Jesus Christus anvertrauen."

Wir haben die einfache Webseite www.bibles.ch aufgebaut mit dem Ziel, Bibeln in Französisch zu schenken. In den folgenden Jahren bauten wir unser Angebot aus mit Bibeln in Arabisch, Deutsch und Chinesisch.

Es ist in erster Linie für Menschen gedacht, die sich keine Bibel leisten können oder in Ländern leben, wo es kaum möglich ist, eine solche zu finden, wie in islamischen Ländern.

In Ländern Nordafrikas wie Algerien, Tunesien und Marokko entdecken zahlreiche Muslime das Evangelium über Radio, Satelliten-Fernsehen oder Internet. Viele bitten uns um eine Bibel.

Sehr schnell merkten wir, dass Bibeln als „zensuriertes Buch" beschlagnahmt wurden. Wussten Sie, dass ein Marokkaner weder das Recht hat, den Islam zu verlassen noch eine Bibel zu besitzen? Younes, ein junger Student aus Meknes, schrieb uns:

„Als ich im Internet sah, dass Sie Bibeln verschenken, habe ich Sie gebeten, mir eine zu senden – in diskreter Verpackung, um Probleme zu vermeiden. Das Paket war gut gemacht, aber im Postbüro von Meknes wurde es trotzdem geöffnet und beschlagnahmt. Ich durfte die Bibel nicht mitnemen. Für unsere Behörden ist dieses Buch illegal. Aber trotzdem danke ich Ihnen herzlich!"

Wir mussten neue Wege finden, um das Wort Gottes in für das Evangelium verschlossene Länder zu bringen.

Bereits im ersten Jahr konnten wir Männern und Frauen auf der Suche nach Gott helfen. Er rettete Menschen in tiefster Not. Jeanne, eine Mutter aus Benin, wollte sich das Leben nehmen:

„Die erhaltene Bibel ist ein grosser Segen. Ohne sie hätte ich mich vergiftet. Ich bin seit fünfzehn Jahren verheiratet, habe sechs Kinder, doch mein Mann hat mich wegen einer anderen Frau verlassen. Aber dank dem Wort Gottes, das

ich nun jeden Tag lese, hat mein Herz Frieden gefunden, und ich kann ihm vergeben. Danke für diese gute Tat!"

Zeugnisse aus Afrika, Asien, aber auch Europa, konfrontieren uns immer neu mit der grossen Not von Menschen, die den Sinn des Lebens suchen. Quentin ist ein 21-jähriger Franzose. Er gesteht verzweifelt:

„Ich leide unter Depressionen. Mein Vater ist Alkoholiker, ich selber bin arbeitslos. Die Beruhigungsmittel wirken nicht mehr. Ich bitte um eine Bibel, um die Flamme der Hoffnung neu anzufachen und meiner Not und Verzweiflung zu entkommen. Die Hilfe, die ich bei Menschen nicht finden kann, suche ich nun bei Gott!"

„Ein Schatz in meinen Händen"

Wir, die wir oft mehrere Bibeln im Bücherregal haben, können uns das Verlangen vieler Christen kaum vorstellen, auch nur eine zu besitzen. Oft sprechen sie von der Bibel als von einem Schatz. Marius schreibt aus der Elfenbeinküste:

„Danke für die Bibel! Sie haben einen unermesslichen Schatz in meine Hände gelegt! Die Elfenbeinküste befindet sich in einer schwierigen Situation. Ganze Familien werden niedergemetzelt, Kinder von Rebellen mit dem Buschmesser verstümmelt. Eltern werden vor den Augen ihrer Kinder getötet, Mütter vergewaltigt, Dörfer abgebrannt. Um den Frieden wiederzufinden, brauchen die Menschen Vergebung und Versöhnung."

Zehn Jahre Warten auf eine Bibel!

In unserem monatlichen Infoblatt fehlt der Platz, um die vielen anzuführen, die uns schreiben. Sie bitten um eine Bibel oder geben ihrer Freude über deren Erhalt Ausdruck. Sie erzählen in einfachen, spontanen Sätzen von Wundern, die Jesus in ihrem Leben vollbracht hat. In diesem Buch möchten wir sie zu Wort kommen lassen.

Evelyne, 41, stammt aus einer armen Grossfamilie in Grand Popo, Benin. Während zehn Jahren betete sie um eine Bibel!

„Mein Vater hatte 26 Kinder, davon 16 Mädchen. Ich bin die Einzige, die sich zu Jesus Christus bekehrt hat. Mein Mann ist noch nicht Christ. Obwohl ich darunter leide und mich unverstanden fühle, bleibe ich fest im Glauben und vertraue auf meinen Herrn.

Und nun ist heute ein neuer Tag für mich angebrochen!

Das Geschenk der Bibel, die ich durch Pastor Ferdinand erhalten habe, ist für mich ein Wunder Gottes. Ich bin hoch erfreut, denn ich warte seit zehn Jahren auf eine Bibel!

Sie ist das Wort Gottes. Lange litt ich darunter, dass ich keine Bibel besass.

Ich bin nichts ohne Gottes Wort. Ich danke Ihnen wirklich von ganzem Herzen! Heute Nacht werde ich gut schlafen, denn nun besitze ich meine eigene Bibel. Danke, danke, danke! Gott wird Ihr Werk segnen. Amen!"

3. GOTT SPRICHT DURCH VISIONEN – GESTERN

„Gott redet einmal und zum zweiten Mal, aber man beachtet es nicht. Im Traum, im Nachtgesicht, wenn tiefer Schlaf die Menschen befällt und sie auf ihren Lagern schlummern, da öffnet er das Ohr der Menschen und schreckt sie auf und warnt sie." (Hiob 33, 14-16)

Die Bibel zeigt uns einen Gott, der auf verschiedene Arten spricht. Zu Abraham und Samuel spricht Gott direkt und hörbar, zu Jakob und Joseph tut er es im Traum, zu Mose in einem brennenden Dornbusch, zu Kornelius durch eine Erscheinung, zu Johannes durch Offenbarungen.

Durch die ganze Menschheitsgeschichte hindurch spricht Gott und krempelt das Leben von Menschen um. In der Apostelgeschichte 2,17 steht: „Eure jungen Männer werden Gesichte sehen, und eure Ältesten werden Träume haben."

Immer wieder erhalten wir Erzählungen von Männern und Frauen, zu denen Gott durch Visionen und Träume gesprochen hat. Bevor wir sie anführen, wollen wir uns an eine der bekanntesten Visionen der Geschichte erinnern, auf welche eine radikale Bekehrung folgte: die von Saulus von Tarsus.

„Plötzlich umstrahlte ihn ein Licht"

Die Bekehrung des Saulus auf dem Weg nach Damaskus ist vielleicht die wunderbarste überhaupt.

Der hoch gebildete, erbitterte Gegner der Christen bekehrte sich zu dem Glauben, den er zuvor heftig bekämpft hatte. Er war ein Verfolger der ersten Jünger von Jesus von Nazareth und hatte an der Steinigung des Stephanus teilgenommen. Die Bibel erzählt, wie Paulus um die Mittagsstunde von einem hellen Licht umstrahlt wurde, und wie Jesus zu ihm sprach:

Als er aber hinzog, begab es sich, dass er sich Damaskus näherte; und plötzlich umstrahlte ihn ein Licht vom Himmel. Und er fiel auf die Erde und hörte eine Stimme, die zu ihm sprach: Saulus! Saulus! Warum verfolgst du mich?

Er aber sagte: Wer bist du, Herr? Der Herr aber sprach: Ich bin Jesus, den du verfolgst. Es wird dir schwer werden, gegen den Stachel auszuschlagen!

Da sprach er mit Zittern und Schrecken: Herr, was willst du, dass ich tun soll? Und der Herr antwortete ihm: Steh auf und geh in die Stadt hinein, so wird man dir sagen, was du tun sollst! Die Männer aber, die mit ihm reisten, standen sprachlos da, denn sie hörten zwar die Stimme, sahen aber niemand.

Da stand Saulus von der Erde auf; doch obgleich seine Augen geöffnet waren, sah er nichts. Sie leiteten ihn aber an der Hand und führten ihn nach Damaskus." (Apg 9)

Die Absicht dieser Vision war die Bekehrung des Saulus, der auch sofort Christ wurde. Der Christenverfolger wird zum heiligen Paulus, dem Apostel Jesu Christi, dem feurigen Missionar, der einen grossen Teil des Neuen Testamentes schrieb, zu einer der Hauptfiguren des Christentums.

Viele stellen diese übernatürlichen Erscheinungen Gottes in Frage. Zwei Oxford-Professoren, Gilbert West und Lord Lyttleton, wollten das Fundament des Christentums zerstören und beweisen, dass Jesus nicht von den Toten auferstanden sei und Saulus von Tarsus sich niemals zum Christentum bekehrt habe. Doch beide kamen zum gegenteiligen Schluss (Buch: „Anmerkungen und Betrachtungen über die Geschichte der Auferstehung Jesu Christi" von Gilbert West). Sie sind wie Paulus eifrige Jünger Christi geworden.

Visionen und Traumgesichter von Gott haben einen übernatürlichen Charakter, der dem Leben eines Menschen eine völlig neue Richtung gibt.

4. GOTT SPRICHT DURCH VISIONEN – HEUTE

Die Erfahrungen des Apostels Paulus beleuchten die Erfahrungsberichte von heute in biblischem Licht, in denen sich Christus durch Visionen und Träume offenbart.

Die Ähnlichkeiten sind zahlreich: Die Visionen ereignen sich plötzlich und unerwartet. Jesus spricht direkt und überraschend zu einem Menschen, der oft im ersten Moment nicht weiss, wer ihm erscheint. Daraus folgt in den meisten Fällen die Bekehrung und radikale Lebensänderung, und der Wunsch nach einer Bibel wird gross.

„Ich sah Jesus in meinem Zimmer"

Edouard, jahrelanger Missionar in Algerien, stellt fest: „Solche Erfahrungen sind in westlichen Ländern selten. Bei Muslimen jedoch und in Ländern, wo Christen ihren Glauben nicht frei praktizieren dürfen, kommen sie häufig vor."

Aus Algerien und Pakistan erhalten wir zahlreiche Zeugnisse. Yasmina schreibt aus Algerien: *„Eines Nachts hatte ich einen Traum: Ich sah Jesus in meinem Zimmer in einem grossen Licht. Er lächelte mir zu, und ich fühlte mich angenommen. Diese Vision hat mir neuen Mut und Lebensfreude geschenkt. Ich war zu Tränen gerührt. Nun möchte ich die Bibel kennen lernen. In meiner Region, der Kabylei, leben viele Christen. Sie treffen sich in ihren Häusern. Auch ich möchte Jesus nachfolgen!"*

„Er strahlte in hellem Licht"

Shabana war hungrig nach Leben und Wahrheit. Die Pakistanerin aus Haydri Town machte ein wunderbares Erlebnis. Wie zu Paulus, sprach Jesus direkt zu ihr, und Shabana bekehrte sich.

„Ich habe immer im Islam gelebt und suchte verzweifelt nach Wahrheit. In meinem Hunger nach geistlichem Leben befolgte ich alles, was der Imam mir sagte. Fünfmal am Tag betete ich und zweimal las ich den ganzen Koran. Trotzdem blieb mein Herz leer und unzufrieden.

Eines Tages traf ich Shazia, eine alte Schulfreundin. Sie sagte mir, sie sei Christin, und ich bat sie um eine Bibel. Shazia borgte mir ihre eigene Bibel aus. Jedes Mal, wenn ich darin las, wurde mein Herz mit Frieden und Freude erfüllt. Dennoch war ich verwirrt und voller Zweifel. An einem Abend flehte ich zu Gott: ‚Welches ist der rechte Weg? Bitte, zeige ihn mir!'

Shabana bei der Taufe. In einer Vision hatte sie Jesus gesehen und beschlossen, ihm nachzufolgen. Shabana wird von ihrer Familie verfolgt und muss sich verstecken.

In jener Nacht träumte ich. Jemand stand an meiner rechten Seite am Bett. Er strahlte in hellem Licht, ich konnte nicht hinsehen! Er sagte zu mir: ‚Ich bin Jesus Christus – der Anfang und das Ende!' Im selben Augenblick erwachte ich. Ein Glücksgefühl durchströmte mich: Endlich hatte ich die Wahrheit gefunden!

Ich bin Jesus so dankbar, dass er sich mir offenbart hat und ich danke euch für diese wunderbare Bibel! Bitte betet für mich, denn ich werde verfolgt und muss mich vor meiner Familie verstecken."

„Im Traum sah ich einen grossen Mann"

Youssouf wohnt in der Elfenbeinküste: *„Ich wuchs in einer muslimischen Familie auf. Wenn jemand von Jesus sprach, geriet ich in Zorn und wurde gewalttätig. Von einem Marabut ∂hatte ich einen Fetisch (Talisman, Amulett) erhalten. Bei jedem Problem wandte ich mich an diesen Fetisch und fand eine Lösung. Dann brachte ein Diebstahl mich für zehn Jahre ins Gefängnis. Hier sah ich nachts im Traum einen grossen Mann, der zu mir sagte: ,Youssouf, geh in die Gefängniskirche und übergib dein Leben Jesus!' Der Traum wiederholte sich noch zweimal, bis ich gehorchte. Jetzt hat Jesus mein Leben vollständig umgewandelt! Ich bin dem Seelsorger sehr dankbar, denn er hat mir die von Ihnen zugesandte Bibel überreicht."*

Jesus offenbart sich in Moscheen

Pastor Arzouni ist Libanese und wurde nach strenger schiitischer Tradition erzogen. Doch eines Tages lernte er Jesus Christus, seinen Erlöser kennen. Nun verkündet er seit dreissig Jahren das Evangelium auf islamischer Erde. In Mali hat er 46 Kirchen gegründet. Arzouni stellt fest:

„Während der letzten Jahre sind mehr Muslime zum Glauben an Jesus Christus gekommen als in den 1'400 Jahren zuvor! Jesus offenbart sich Muslimen in Visionen. Ich kenne einen Mann, der auf den Knien in einer Moschee betete. Plötzlich sah er eine weiss gekleidete Person, die ihn aufforderte, in die nahegelegene Kirche zu gehen. Der Muslim gehorchte und wurde in dieser Kirche von einem Pastor zu Jesus geführt."

Der finnische Missionar Niilo, der 2'000 unserer Bibeln in Äthiopien verteilt hat, vermittelt uns ein ähnliches Zeugnis:

„In einer Moschee in Addis Abeba leitete der Imam Karima das Gebet. Plötzlich senkte sich ein Licht auf die knienden Muslime. In dem strahlenden Schein sah Karima Jesus, der zu ihm sagte: ,Ich bin Îsâ (Jesus auf Arabisch), der Herr, den du suchst. Folge mir nach!'

Karima wollte mehr über Îsâ wissen. Welch eine Überraschung für die christlichen Missionare, als Karima mit sechs weiteren Imams an die Tür klopfte und fragte: ,Wer ist Îsâ? Wir möchten mehr wissen über diese Offenbarung!' Nach einem langen Gespräch übergaben die sieben Imams ihr Leben Jesus. Sie machten einen Bibelkurs und liessen sich taufen, wie die Heilige Schrift es lehrt. Dann wurden sie selber Missionare in ihrem Land. Auf ihr Zeugnis hin bekehrten sich zehn weitere Imams und viele Muslime zu Christus."

Gott spricht zu einem Taliban

Syeed, ein hitziger Taliban, verfolgte Christen. Aber wie bei Saulus griff Jesus direkt in sein Leben ein! Hier sein Zeugnis:

„Ich war ein Taliban, ein Extremist, überzeugt, auf dem rechten Weg zu sein. Das Ziel war klar: Die Muslime sollten die Welt regieren, alle anderen zum Islam übertreten oder umkommen.

Wenn Christen angegriffen und ihre Häuser verbrannt wurden, jubelte ich!

Eines Tages schlug ich einen Jungen furchtbar, weil er während des Ramadans etwas ass. Er schrie und flehte mich an: ‚Ich bin Christ, kein Muslim', aber ich schlug ihn nur um so heftiger. In der Nacht träumte ich, dass jemand mich genauso verprügelte. Als ich schrie, sagte er zu mir: ‚Was du anderen tust, wird auch dir widerfahren!' Darüber erschrak ich zutiefst.

In der folgenden Nacht gab mir dieselbe Person im Traum ein kleines Buch. Ich öffnete es und las: ‚Vergib, dann wird dir vergeben! Tu anderen, was du willst, dass sie dir tun! Liebe deine Feinde!'

Es war seltsam, aber beim Lesen erfüllte mich ein tiefer Friede! In dieser Nacht schlief ich gut. Als ich diese erstaunlichen Träume meinen Freunden erzählte, lachten sie: ‚Solche Dinge stehen im Buch der Christen, in der Bibel. Du willst doch nicht etwa ein Christ werden?' Ich gestand es niemandem, aber seit jenem Tag suchte ich eine Bibel, bis ich endlich im Zug einen Pastor treffen konnte. Ich stellte ihm Fragen über die Bibel, und er gab mir ein Lukasevangelium.

Als ich dort die Worte aus meinem Traum las, brach ich in Tränen aus. Ich hatte die Christen immer gehasst, dabei war das Evangelium wunderbar und voller Liebe! Jeden Tag las ich, was Jesus Christus lehrt, und ich begann, zur Kirche zu gehen. Meine Eltern bekämpften meinen Glauben und ich musste fliehen. Aber auch allein bin ich froh mit Jesus. Seine Gegenwart beglückt mich, denn ich weiss, er hat mich gerettet!"

Khalil sieht Jesus „in einem grossen, hellen Licht"

Ein Mitarbeiter aus Algerien hat uns das Zeugnis von Khalil zugesandt, der früher ein fanatischer Muslim war. Er gehörte einer Terroristengruppe an und übte sich darin, Andersdenkenden den Hals durchzuschneiden. Eines Tages übergab ihm der Chefterrorist eine Bibel und befahl ihm zu beweisen, dass dieses Buch gefälscht und voller Widersprüche sei.

Khalil wollte das Buch anfänglich nicht einmal berühren, denn er hegte Hass gegen die christliche Religion. Nachdem er einige Tage gezögert hatte, öffnete er es schliesslich doch. Als er sie zu lesen begann, konnte er fast nicht mehr aufhören. Er las es ganz, fand aber keinen einzigen Widerspruch. Im Gegenteil, Khalil entdeckte wundervolle Begebenheiten, und sein Herz wurde tief bewegt. Er verstand, dass Jesus Christus die Wahrheit ist!

Als sein Anführer dies vernahm, wurde er zornig. Er forderte die Bibel zurück, schlug Khalil und wollte ihn erwürgen. Khalil hatte schreckliche Angst, aber er erinnerte sich an die Worte Jesu: „Liebet einander, vergebet denen, die an euch schuldig werden, liebet eure Feinde!"

Am Abend kniete Khalil nieder und betete zu Gott: „Wenn der Islam der Weg ist, so lasse mich niemanden mehr hören, der von Jesus spricht. Wenn aber das Christentum die Wahrheit ist, so entferne den Islam von mir!" In der Nacht sah er im Traum, wie Jesus in einem grossen, hellen Licht auf ihn zukam. Khalil klagte ihm, er habe keine Bibel mehr. Doch Jesus antwortete ihm: „Schau in deinem Schrank nach, dort wirst du eine finden."

Als Khalil erwachte, ging er sofort zum Schrank, öffnete ihn und tatsächlich lag da zu seinem grossen Erstaunen – eine Bibel! Sofort erinnerte er sich an sein Gebet. Er rannte zu seiner Mutter, warf sich ihr weinend in die Arme und sagte: „Vergib mir, Mama! Ich bin ein anderer geworden. Ich weiss jetzt, wer wahrhaftig Gott ist. Es ist Jesus Christus! Er ist die Wahrheit. Glaubst du mir, Mama?"

Seine Mutter antwortete ihm: „Natürlich glaube ich dir, mein Sohn. Denn ich habe dich noch nie so gesehen. Noch nie in deinem Leben hast du mich um Vergebung gebeten." Khalil fühlte sich wie ein neuer Mensch, glücklich und voller Liebe für alle. Auf der Strasse grüsste er jeden, auch die Armen und die Bettler. Er ging zu einer Kirche und bat den Pförtner um Vergebung. Khalil übergab sein Leben Jesus und liess sich taufen.

„Jesus hat im Traum zu mir gesprochen"

Pakistan ist eine Islamische Republik, sie zählt jedoch auch sechs Millionen Christen. Sie werden oft verfolgt, geschlagen oder sogar getötet.

Shasheen, 45, bei ihrer Taufe. Als sie von ihrer Familie bedrängt wurde, sprach Jesus im Traum zu ihr und ermutigte sie.

Die 45-jährige Shasheen ist Witwe und Spitalärztin. Hier erzählt sie, wie Jesus ihren Glauben stärkte:

„Als ich den Islam verliess, um Christin zu werden, war meine ganze Familie entrüstet. Brüder und Schwestern setzten mich unter starken Druck, um mich zum Islam zurückzubringen. Wegen dieser Bedrängnis hätte ich den christlichen Glauben beinahe verlassen.

Aber dann hatte ich in eines Nachts eine Vision. In einem Traum sah ich Jesus, der zu mir sprach: ,Ich bin der Herr Jesus Christus! Ich bin der Weg, ich bin das Alpha und das Omega, und ich bin mit dir, wo immer du auch sein wirst in dieser Welt.'

Beim Erwachen war ich tief betroffen und in meinem Glauben gestärkt. Nun bin ich entschlossen, Jesus treu zu bleiben. Ich will dem Wort Gottes gehorchen, deshalb liess ich mich taufen. Auch meine Kinder wollten zusammen mit mir getauft werden."

„Jesus winkte mir zu"

Nora ist eine junge Algerierin. Sie bat uns um eine Bibel, weil ihr im Traum Jesus Christus erschienen war:

„Mein Leben war voller Probleme. Doch in einem der schwierigsten Momente ist mir Jesus im Traum erschienen. Ich sah ihn, wie er mitten unter Frauen predigte, und ich war eine von ihnen. Plötzlich winkte mir Jesus mit der Hand zu, als wollte er mich zu sich rufen. Schliesslich näherte er sich mir, doch dann erwachte ich. Wenig später stiess ich auf eine christliche Radiosendung in Kabylisch, meiner Muttersprache. Ich verstand, dass dies Gottes Führung war und übergab mein Leben Jesus.

Seit jenem Tag hat mein Leben einen neuen Sinn. Nun weiss ich, dass Jesus „der Weg, die Wahrheit und das Leben" ist. (Joh. 14,6) Er ist für unsere Sünden gestorben und auferstanden. Auch wir werden am letzten Tag auferstehen. Durch sein Blut hat Jesus hat mich rein gewaschen!"

"Ich sah einen weiss gekleideten Mann"

Im Iran sind Bibeln sehr gesucht. Zwischen 1980 und 2005 sind mehr Iraner zum Glauben gekommen als in den tausend

Jahren zuvor. Heute schätzen iranische Pastoren die Zahl der Christen auf rund eine Million.

Pastor Erdelan hat bereits Tausende Bibeln im Iran verteilt und drei Hauskirchen gegründet. Er sagt: *„Ich war Muslim, aber ich bin Christ geworden, denn jemand hat mir eine Bibel geschenkt. Ich riskiere mein Leben, aber wir sind bereit zu sterben, denn die Botschaft der Bibel ist die Wahrheit."*

Der schiitische Geistliche Hassan Mohammadi hielt in Teheran eine Rede und beklagte sich: *„Jeden Tag bekehren sich zirka 50 junge Iraner im Geheimen zum Christentum!"*

Ein junger Iraner erzählt von einer Vision, in der Jesus am hellen Tag direkt zu ihm gesprochen hat:

„Am Radio höre ich regelmässig christliche Sendungen. Ich bitte Sie um eine Bibel, denn ich fühle mich zu der Liebe Jesu hingezogen. Ich möchte ein Jünger Jesu werden. Doch hier im Iran könnte ich getötet werden, wenn jemand erfährt, dass ich Christ geworden bin. Bei uns sagt man: ,Ein Muslim darf nicht Christ werden!'

Aber haben wir denn kein Recht, den richtigen Weg zu wählen? Gott hat uns für die Freiheit geschaffen, und ich wähle Jesus! Vor kurzem hatte ich ein starkes Erlebnis.

Auf einer Bergstrasse schlief ich am Steuer ein. Dadurch kam das Auto von der Strasse ab, und ich konnte nur noch schreien: „Jesus Christus!" Plötzlich sah ich vor mir einen Mann in Weiss. Sein Gesicht strahlte und war wunderschön. Dann kam das Auto zum Stehen.

Wir waren sieben Freunde, die in importierten Autos über die Berge fuhren. Als die anderen meinen Unfall sahen, dachten sie, ich sei tot. Doch ich war unversehrt. Ich stieg aus dem Wagen und ging zu dem Mann in Weiss – er stand immer noch dort – und fragte ihn: ,Wer bist du?' Er antwortete: ,Du hast mich gerufen, und ich bin gekommen.' Dann verschwand er.

Meine sechs Freunde kamen und umringten mich. Sie konnten ihren Augen kaum trauen. Das Auto hatte sich mehrmals überschlagen, aber mir ging es gut. Ich sagte ihnen, dass Jesus da war, aber sie lachten nur und verspotteten mich. Deshalb schreibe ich Ihnen diesen Brief. Ich weiss nicht, ob Sie ihn erhalten werden... Aber hier werde ich zu niemandem mehr von meiner Erfahrung sprechen. Bitte senden Sie mir eine Bibel in Farsi oder Kurdisch."

Gott ruft Uzma bei ihrem Namen

Pastor Naseem übermittelt uns das Zeugnis von Uzma, einer jungen, 22-jährigen Frau aus Pakistan.

„Uzma wurde in einer christlichen Familie geboren. Doch sie interessierte sich nicht für Gott, sondern ging lieber aus und kannte alle Stars des indischen Kinos.

Eines Nachts hörte sie im Traum, wie Gott sie beim Namen rief : ,Uzma, Uzma, ich berufe dich, mir zu dienen!'

Während dieses Traums wurde Uzma mit grosser Freude und Frieden erfüllt. Sie brach in Tränen aus, und später erzählte sie mir: ,Ich werde dieses aussergewöhnliche Erlebnis nie vergessen, Gott hat mich persönlich aufgesucht.'

Heute ist Uzma eine engagierte Christin und verkündigt das Evangelium den Frauen in Pakistan. Gott gebraucht sie, wie er es im Traum gezeigt hatte. Und sie erzählt überall, wie Gott ihr begegnet ist und sie bei ihrem Namen gerufen hat gemäss der Verheissung in Jesaja 43,1: ‚Ich rufe dich bei deinem Namen, du bist mein!'"

"Ich sah den Himmel offen"

Aus Pakistan sendet uns Pastor Rasheed das Zeugnis von Kamran, einem armen und verfolgten Christen in Punjab.

Kamran, 25, war tief berührt darüber, endlich eine Bibel zu erhalten. Er erzählt seine Geschichte:

„Als ich fünf war, starb mein kranker Vater. Meine Mutter rackerte sich ab, damit sie mir die Schule bezahlen konnte.

Doch als ich zwölf war, verlor ich auch sie. Seit jenem Tag helfe ich meinem Onkel bei der Herstellung von Bausteinen. Es ist eine mühsame Arbeit. Ich musste die Schule aufgeben. Mein Leben bestand nur noch aus Arbeit, Tränen und Einsamkeit.

Eines Abends, müde, allein, ohne einen Freund in dieser Welt, klagte ich: "Gott, wenn es dich gibt, warum muss ich dann dieses elende Leben leben? Ich möchte lieber sterben!"

In dieser Nacht träumte ich. Der Himmel stand offen, ein strahlendes Licht kam zu mir herab, und jemand mit einer wunderschönen Stimme rief mir zu: ‚Sei mein Freund!' Ich sah niemanden, aber ich fühlte mich unendlich glücklich. Auch am kommenden Tag war ich froh wie nie zuvor.

Nach der Arbeit betrat ich eine Kirche. Der Pastor predigte über Jesaja 61. Mir war, als richteten sich seine Worte direkt an mein Herz. An jenem Tag habe ich mit grosser Freude mein Leben Jesus übergeben! Die Bibel begleitet mich überallhin. Wenn ich darin lese, erfüllt mich tiefer Friede. Ich brauche nichts weiter als Jesus Christus, meinen Retter und Freund!"

"Im Traum zeigte Jesus mir den Weg..."

Youcef wohnt in Algerien, in den Bergen der Kabylei. Er hat Jesus im Traum gesehen und erzählt:

„Bevor ich Jesus Christus begegnete und in ihm wiedergeboren wurde, war ich ohne Hoffnung und Ziel für mein Leben.

Meine Mutter war herzkrank. 1992 starb sie nach einem langen Leidensweg. Dies zwang mich, mein Studium abzubrechen.

1993 hatte ich eine erste Begegnung mit Jesus, meinem Retter. Der Sohn unserer Nachbarn war Student an der Universität. In seinem Zimmer entdeckte ich auf seinem Nachttisch ein Büchlein. Es war das Neue Testament.

Aufs Geratewohl schlug ich es auf und las, dass Jesus der Sohn Gottes ist. Diese Aussage überzeugte mich augenblicklich! Ich nahm das Buch mit, um es auf dem Feld beim Weiden der Schafe zu lesen. Doch zwei Jahre später rauchte ich Zigaretten, trank Alkohol und konsumierte Drogen. Die Jahre vergingen, und mein Zustand wurde immer schlimmer.

Eines Tages erzählte mir ein Christ von Jesus. Zu seinem Erstaunen antwortete ich spontan: „Ich glaube, dass Jesus der Sohn Gottes ist." Da lud er mich in die Kirche ein. Das war im Jahr 2000. Noch im selben Jahr bekehrte ich mich.

Danach hatte ich in einen Traum: Ich fühlte mich verloren, doch im nächsten Augenblick fand ich mich im Reich Gottes wieder. Ich sah Jesus auf dem Berg Zion.

An einem breiten Fluss spielten kleine Kinder. Der Ort war traumhaft schön, alles grünte. Hinter mir hörte ich das Rauschen eines Wasserfalls, vermischt mit vertrauten Stimmen. Als ich mich umdrehte, sah ich vier Mitglieder meiner Familie am Ufer sitzen. Ich ging zu ihnen hin, um sie zu begrüssen: ,Was macht ihr hier?' wollte ich wissen, denn sie waren keine Christen. Sie drehten die Frage um, und ich antwortete, ich hätte mich verirrt.

Einer schlug vor, mich zu jemandem zu bringen, der mir helfen könne. Ich folgte ihm bis zum Fuss eines Berges. Dort erklärte mein Begleiter: ,Derjenige, der dir helfen kann, ist oben auf diesem Berg.'

Ich stieg den Berg hoch, und als ich oben ankam, sah ich ein Haus und eine Herde Schafe, deren Wolle so weiss war wie Schnee.

Ich spürte, dass noch jemand da war, und als ich mich umdrehte, sah ich Jesus auf einem Eselsfohlen reiten. Er trug ein langes, weisses Kleid mit einem Gürtel.

Sein Gesicht und seine Haare waren weiss wie Schnee. Ich wandte mich an diese aussergewöhnliche Erscheinung:

– Entschuldige, Herr...

– Was willst du, dass ich dir tun soll?

– Könntest du mir den Weg zeigen? Ich habe mich verirrt.

Jesus hob seine rechte Hand und zeigte mit dem Finger in eine Richtung. Ich wollte ihm danken, doch als ich mich umwandte, war er verschwunden, so unerwartet, wie er erschienen war. Danach erwachte ich.

Ich danke dem Herrn Jesus Christus, dass er mich von der Zigaretten- und Drogensucht befreit hat. Durch sein Blut habe ich die Vergebung all meiner Sünden erlangt, wie es im Wort Gottes steht: ‚Das Blut Jesu Christi, seines Sohnes, reinigt uns von aller Sünde…Wenn wir unsere Sünden bekennen, ist er treu und gerecht, dass er uns die Sünden vergibt und uns reinigt von aller Ungerechtigkeit.' (1. Joh. 1, 7-9)."

„Ich hatte einen seltsamen Traum"

Anney, 25 Jahre, wohnt in Faisalabad (Pakistan). Sie machte sich über die Christen lustig, aber heute ist sie es, die sich von Pastor Nasir taufen lässt. Warum? Sie erzählt:

„Ich bin in einer christlichen Familie aufgewachsen, doch ich glaubte nicht an Gott. Ich verunglimpfte die Christen und die Kirche und wollte das Leben geniessen.

Einmal ging ich doch zur Kirche, aber nur, um über die betenden Christen zu witzeln. Der Pastor las einen Vers über das letzte Gericht vor. Alle hörten zu – ausser mir. Ich spottete und alberte herum. Doch kurze Zeit später hatte ich einen seltsamen Traum. Von überall her kamen Leute, um an einem grossen Fest teilzunehmen. Jeder hatte seine Eintrittkarte. Verzweifelt wollte ich auch eine kaufen, aber wo?

,Du musst zur Kasse!' erklärte man mir. Schliesslich fand ich sie: ,Ich brauche ein Billett, bitte!' Der Verkäufer fragte zurück: ,Bist du wiedergeboren?' Ich verstand nicht, was er damit meinte. Der Mann riet mir, ich solle zu einem Pastor gehen. Ich suchte überall nach einem, fand aber keinen. Dann erwachte ich.

Am selben Tag besuchte Pastor Nasir meine Familie. Ich war erschüttert über meinen Traum und bekannte ihm alles. Da erzählte er vom grossen Hochzeitsmahl des Lammes und erklärte mir die Wiedergeburt.

Da schmolz mein Herz, und ich schämte mich sehr über meine frühere spottende Haltung. Pastor Nasir aber sagte mir, dass Jesus mich lieb habe und mich retten wolle. Ja, er wolle mir den tiefen Frieden schenken, der nicht von dieser Welt ist. Weinend tat ich Busse und ich erhielt die Vergebung Gottes.

In dieser Zisterne liess ich mich taufen, unter freiem Himmel, wie zur Zeit der Apostel. Jesus hat mein Leben verwandelt! Danke für das kostbare Geschenk des Wortes Gottes!"

„Ein Garten bis ins Unendliche"

Eines Tages erschien Jesus der Muslimin Rafika im Traum. Als sie von uns eine Bibel in arabischer Sprache erhielt, erzählte sie von dieser Erfahrung:

„Ich wurde in Algerien in einer muslimischen Familie geboren. Der Islam lehrt, dass ich von Gott komme, aber wohin ich gehen werde, darauf hat der Koran keine Antwort. Als ich

17 war, zog ich zu einer Tante nach Frankreich. Sie war Christin und hatte ein Neues Testament in Arabisch. Zwar las ich ein wenig darin, aber als Muslimin sagte ich entsprechend meinem Glauben: „Nur der Koran ist die Wahrheit, die Bibel ist verfälscht. "

Eines Abends las ich im Koran die Suren 5 und 19, welche von Jesus handeln. Ich bat Gott, mir die Wahrheit zu zeigen. Mich quälte die Ungewissheit, ich weinte und flehte ihn an: „Wenn Jesus die Wahrheit ist, so offenbare es mir durch ein Zeichen!" Noch in der selben Nacht hatte ich einen Traum. Ich wurde von einer furchterregenden Person verfolgt, die mich töten wollte. Doch schliesslich fand ich in einer Kirche Zuflucht. Hier verspürte ich Sicherheit und Frieden.

Ein Mann dort sagte zu mir: „Komm, meine Tochter, folge mir, ich lade dich zu mir ein. So ging ich mit ihm in sein Haus oberhalb der Kirche. Es hatte einen Garten bis ins Unendliche, Blumen in allen Farben, Brunnen und Bäche. Der Mann gab mir Wasser und lud mich ein zu trinken, um ewig zu leben. Ich fühlte Gott ganz nahe.

Am Tag nach dem Traum ging ich in die Bibliothek, um die drei wichtigsten monotheistischen Religionen zu vergleichen. Es beeindruckte mich, dass Jesus Christus für unsere Sünden gestorben und auferstanden ist. Da gab ich den Islam auf, ohne jedoch schon Christin zu sein.

Später hatte ich einen weiteren Traum: Ich war auf dem Land, die Sonne glühte. Das Gras des Feldes war verdorrt. Jemand sagte mir, heute sei die Wiederkunft Jesu. Es blieb mir nur noch wenig Zeit, um mich vorzubereiten. Plötzlich sah ich Jesus von weither in meine Richtung kommen. Hinter ihm wurden die Felder grün und alles erblühte. Sein Kleid war von reinem Weiss, und sein Antlitz strahlte.

Nach dieser Vision wollte ich Jesus nachfolgen. Ich betete mit einem Pastor: „Herr, ich komme zu deinem Kreuz. Ich lege meine Last nieder und tue Busse vor dir. Ich bin eine

Sünderin und bitte dich um Verzeihung.“ In meinem Herzen wurde es hell, in der Gegenwart Gottes weinte ich vor Freude. Zu Hause verschlang ich die Bibel. Ich wollte dieses Heilige Buch, das voller Licht ist, nicht mehr schliessen. Jesus hat mein Leben verändert. Er gab mir Frieden, Freude und Heilsgewissheit! Heute gehöre ich zu einer Gruppe von Christen, die den Muslimen in Frankreich das Evangelium bringt.“

„Er sagte zu mir: Ich bin Jesus“

Algerien ist ein muslimisches Land. Doch das Gebiet der Kabylei erfährt Erweckung. Nach einem Gottesdienst in Tizi-Ouzou vertraut die junge Muslimin Fatima dem Pastor an:

„Wissen Sie, warum ich in diese Kirche gekommen bin? Ich wurde von einer Stimme gequält, die behauptete, meine beiden Kinder sowie das Baby unter meinem Herzen müssten sterben.

Doch in der gleichen Woche hatte ich eine Vision. Ich sah einen Mann in weissen Kleidern, der zu mir sagte: ‚Ich bin Jesus, und ich sage dir: Fürchte dich nicht, folge mir nach.‘ Deshalb komme ich zur Kirche. Ich möchte Jesus kennen lernen.“

Dank dieser Offenbarung hat Fatima Frieden gefunden und ihr Leben dem Herrn Jesus anvertraut. Er hat sie von ihren quälenden Ängsten befreit.

Jesus offenbart sich einem Terroristen im Traum

Der 35-jährige Adel ist Algerier und stammt aus einem Dorf nahe der tunesischen Grenze. Der Terrorist war der Polizei wohl bekannt, er gehörte den vollbärtigen Islamisten an, welche über Jahre die Christen der Region verfolgten, niederstachen oder erwürgten. Nachdem er aber selber Christ geworden war, bezeugt Adel furchtlos seinen Glauben:

„Ich wollte in meinem Leben eine neue Seite aufschlagen. In Dörfern und Bergen irrte ich umher, immer auf der Suche nach der Wahrheit.

Eines Tages sah ich im Traum drei Pforten. Ich öffnete die erste und erblickte eine Moschee. ‚Nein', dachte ich, ‚das ist nicht die Wahrheit.' Hinter der zweiten Pforte sah ich junge, halbbekleidete Mädchen. ‚Auch das kann es nicht sein.' Hinter der dritten Pforte sah ich Jesus. Er sagte zu mir: ‚Ich bin der Weg, die Wahrheit und das Leben.'

Diese Worte trafen mich zutiefst. Ich wusste, jetzt hatte ich die Wahrheit gefunden, und ich nahm Christus als meinen Erretter und Herrn an. Dann begann ich, die Bibel zu lesen. Ich konnte sogar vor der Polizei von Jesus zeugen."

Da er als Terrorist aktenkundig war, stand er unter polizeilicher Überwachung. Jeden Montag hatte er sich auf dem Kommissariat zu melden. Am ersten Montag nach dem göttlichen Traum empfing er unmittelbar vor der Befragung ein SMS mit der Aufforderung: „Rede, wie es der Herr Paulus befohlen hat. Er wird dir die Worte eingeben."

Auf dem Posten fragte ihn der Polizist: „Sag mal, Adel, was ist mit dir los? Du bist so ganz anders als sonst! Den Bart hast du auch nicht mehr und du bist so ruhig! Du bist nicht mehr derselbe! Was ist passiert?"

Adel entgegnete: „Willst du es wirklich wissen? Ich bin Christ geworden. Der Koran sagt uns, wir sollen unsere Feinde töten. Die Bibel aber sagt uns, wir sollen unsere Feinde lieben. Das macht den Unterschied aus!"

So kam es, dass Adel jeden Montag dem algerischen Polizisten eine regelrechte Bibelunterweisung gab! Schliesslich sagte dieser zu ihm: „Jetzt, wo du dich so positiv verändert hast, bist du ein freier Mann. Du kannst reisen, wohin du willst und zeugen von deinem Glauben. Aber geh nicht in die Nähe von Islamisten, sie werden dich sonst umbringen!"

5. PAKISTAN – BIBEL, WUNDER UND VERFOLGUNG

Pakistan ist eine islamische Republik. Mit 180 Millionen Einwohnern ist es nach Indonesien das Land mit der zweitgrössten muslimischen Bevölkerung der Welt.

Seit zehn Jahren wird das Land von blutigen Attentaten erschüttert, zu denen sich die Taliban bekennen, vor allem in Peschawar, Lahore oder Rawalpindi. Laut UNO steht Pakistan in Gefahr, in die Hände von radikalislamischen Extremisten der Taliban zu fallen.

Doch nicht alle Muslime sind Taliban oder Terroristen! Viele suchen die Wahrheit und möchten Jesus Christus und das Evangelium kennen lernen.

Pakistan zählt auch sechs Millionen Christen, die meisten sind arm, und die Bibel ist in diesem Land sehr gesucht und begehrt.

Heute ist ein Freudentag für diese jungen Christinnen in Pakistan, denn alle haben eine Bibel erhalten. Sie gehören zum Chor einer Kirche in Karatschi und tragen den traditionellen „Shalwar Kamiz".

Um auf die zahlreichen Anfragen zu antworten, kaufen wir bei der Bibelgesellschaft in Karatschi und Lahore grosse Mengen an Bibeln und Evangelien für Gemeinden, Missionare und Christen aller Konfessionen ein.

Die Bibel kann in Pakistan ganz legal gedruckt und gekauft werden, trotzdem geschieht das Ganze nicht ohne Risiken. Peter Perviaz, Verantwortlicher der Bibelgesellschaft in Karatschi, erzählt, wie er nur knapp einem Attentat entronnen ist:

„Die Christen in Pakistan leben in ständiger Angst", erklärt er. *Ohne Beweis kann ein Christ von einem Muslim böswillig der Blasphemie beschuldigt werden. Darauf steht die Todesstrafe. Ich hätte selber fast das Leben verloren, als die Bibelgesellschaft von Islamisten angegriffen wurde. Ein Granatsplitter traf mich nahe beim Augapfel. Noch heute spüre den Splitter unter der Haut.*

Während man mich ins Spital brachte, explodierte ein Auto vor unserem Haus. 15 Personen wurden verletzt. Christen sind die Zielscheibe der Terroristen und Taliban. Es stimmt, dass die Bibelverbreitung gefährlich ist, aber Gott wacht über uns!"

Ein Besuch in Pakistan

Nach 14 Jahren bei Jugend mit einer Mission stösst May Chappuis 2007 als Sekretärin und Projektleiterin zum Team von *Bibeln via Internet.* Sie wirkt auch im GLIFA-Komitee mit.

2010 war May für die Supervision der Bibelverbreitung in Pakistan. Sie vermittelt einen aktuellen Bericht über die Lage der Christen im Land.

„Welch reiche Erfahrung, dieser Besuch bei Christen in Pakistan! Gott hat uns erlaubt, bei einer Familie der christlichen Kolonie, einem Quartier in Karatschi, zu leben. Hier wohnen 600 christliche und 200 muslimische Familien friedlich nebeneinander. Aber alle sind arm.

May Chappuis hat für die Bibelverbreitung die Kirchen in Pakistan besucht. Im Hof der Bibelgesellschaft in Karatschi werden die Bibeln für die Verteilung an mittellose Christen aufgeladen.

Ab fünf Uhr morgens erschallt der Gebetsruf des Muezzins, gefolgt vom Gebell der Hunde. Später mischen sich Kinderstimmen in die Geräusche des beginnenden Tages. Die Nächte sind mit Musik erfüllt, sogar während den Stromunterbrechungen, wenn das ganze Quartier im Dunkeln liegt.

Vor einem Jahr wurden die Christen hier von den Taliban angegriffen. Mehrere wurden verletzt, Häuser wurden abgebrannt, Irfan, ein 13-jähriger Junge, starb im Kugelhagel.

Seither patrouillieren vermehrt Rangers in ihren offenen Fahrzeugen, den Finger am Abzug. Die Polizei ist nicht zuverlässig und steckt oft mit den Taliban unter einer Decke.

Doch nicht alle Muslime in diesem Land sind Taliban! Eine muslimische Mutter bat uns um eine Bibel. Wir haben Kirchen besucht, Bibeln verteilt und Flutopfern geholfen. Zum Chai (Tee) wurden wir in ihre Häuser eingeladen. Diese gleichen in unseren Augen eher Ruinen, mit ein bis zwei Möbeln bestückt, oft ohne Dach.

Wir haben Kindern in Pakistan Tausende Bilderbibeln geschenkt. Welche Freude beim Entdecken der Bilder und Geschichten! „Das wollen wir unseren Freunden in der Schule und in der Nachbarschaft zeigen und ihnen von Jesus erzählen", begeisterten sie sich.

Überall in der Welt haben Kinder Träume. Hier in Pakistan träumen die Kinder davon, zur Schule gehen zu dürfen. Ein Schüler sein, eine Uniform und einen Schulsack am Rücken tragen, eine Bilderbibel lesen – ein seltenes Privileg!

Christliche Schulen haben einen guten Ruf, sie haben auch die Demokratie und die Toleranz gefördert. Der frühere Präsident Pervez Musharraf und Ex-Premierministerin Benazir Bhutto waren auf christlichen Schulen. Es ist bekannt, dass dort friedliches Zusammenleben gelehrt wird.

Als wir den Christen einer Gemeinde in Karatschi Grüsse aus der Schweiz überbrachten, dankten sie Gott mit lautem Applaus für die Bibeln und „die Liebe der Geschwister in der Schweiz": Dank ihnen hatten die meisten eine Bibel erhalten!

Die Christen in Pakistan sind voller Eifer und Liebe für Jesus. Wenn ich sehe, wie inbrünstig Kinder und Erwachsene Gott anbeten, bete ich, dass ihnen nichts Böses zustösst, dass sie ihre Kinder in Frieden gross ziehen dürfen und das Recht behalten, eine Bibel zu besitzen und sich zu versammeln.

In einem armen Dorf in Pakistan vertiefen sich die Christen in die Bibeln, ein lang erwartetes Geschenk! Endlich können sie in ihren Familien das Wort Gottes lesen und sich geistlich ernähren.

Es war noch dunkel, als das Team von Pastor Rasheed aufbrach, um den Christen im 460 km nördlich von Karatschi *liegenden Distrikt Khairpur Hunderte von Bibeln für Kinder und Erwachsene, welche lesen können, zu bringen.*

In manchen Regionen leben Christen nahe bei den Taliban, ohne angegriffen zu werden. Doch als diese hörten, dass ein amerikanischer Pastor einen Koran verbrennen wollte, waren die Reaktionen heftig: – Wenn der Koran verbrannt wird, werden wir die Christen bei lebendigem Leib in ihren Häusern verbrennen!

Die Regierung versucht, Minderheiten wie die Christen zu schützen, doch mit wenig Erfolg. Wenn ein Christ beschuldigt wird, ist er oft nur noch im Gefängnis in Sicherheit. Rasheed bleibt immer auf der Hut: – Wir geben nie unsere Adresse bekannt, das wäre zu gefährlich.

Im Oktober 2010 war in Karatschi eine Grossevangelisation mit den Pastoren Victor und Muazzon geplant. Bereits am ersten Tag wirkte Gott Wunder. Ehemalige Muslime erzählten vor 2'000 Personen von ihrer Heilung und Bekehrung.

Doch am folgenden Tag erhielten die Pastoren Todesdrohungen, und Bombenanschläge wurden angekündigt. Die Evangelisation musste abgebrochen werden. Eine Tageszeitung veröffentlichte ihr Foto mit der Anklage, Muslime zu bekehren: „Mit Magie treiben diese Männer Dämonen aus!" Die Pastoren mussten sich für einige Zeit verstecken.

Laut Rasheed verlangen viele Menschen nach dem Evangelium:

– Manchmal strömen bei Evangelisationen 20'000 Menschen zusammen: Christen, Muslime und Hindus. Als der kanadische Pastor Peter Youngren das Evangelium predigte, verliessen viele Patienten das Spital, um Heilung im Namen Jesus zu suchen. Da wurden selbst die Ärzte neugierig.

Und Jesus heilt wirklich. Ich sah Wunder, Gelähmte liessen ihre Krücken fallen. Das Ganze wird von Muslimen in den Zeitschriften immer sehr kritisiert, doch viele kommen trotz-

dem. „Er sandte sein Wort und heilte sie", steht in Psalm 107,20. Genau das tut Gott in unserem Land. Er bestätigt sein Wort durch Wunder wie zur Zeit der ersten Christen in Apostelgeschichte 14,3.

Eine Grossevangelisation in Karatschi. Diese öffentlichen Anlässe ziehen Menschenmengen an. Viele Muslime sind berührt von Heilungswundern und geben ihr Leben Jesus. „Die Spitäler leeren sich, die Kranken hören, dass Jesus heilt und kommen, um das Evangelium zu hören und Segen zu empfangen", erzählt Pastor Rasheed.

Die Christen in Pakistan sind demütig und tapfer, voller Eifer und Freimut. Sie kämpfen dafür, Jesus gehorsam zu sein und die Gute Nachricht in ihrem sehr schwierigen und gefährlichen Umfeld zu verkündigen.

Beim Verlassen des Landes musste ich zahlreiche Kontrollen von Pass und Gepäck über mich ergehen lassen. Ich wurde drei Leibesvisiten unterzogen, dabei verlangten zwei Beamtinnen Geld von mir. Ich lehnte ab, erklärte etwas über Beamtenbestechung und schlug statt dessen vor, für sie zu beten. Damit gaben sie sich zufrieden. Beten wir für dieses Land und die Christen in Pakistan! Helfen wir mit dem Wort

Gottes, mit Bibeln und Evangelien, so lange die Türen offen sind!

Pastor Safeer: „Ich bin ein Botschafter Christi"

Die Geschichte von Pastor Safeer Qadir widerspiegelt das Leiden vieler Christen in Pakistan. Als Safeer den Islam verliess, um Jesus nachzufolgen, stiess ihn seine Familie aus.

„Bis vor 19 Jahren arbeitete ich für die Pakistanische Regierung. Dann wurde ich schwer krank in ein grosses Spital in Karatschi eingeliefert.

Eines Tages überreichte mir eine christliche Krankenschwester ein Neues Testament. Ich las es, und das Wort Gottes wirkte in mir, wie der Prophet Jesaja es in Kapitel 55 Vers 11 sagt:

‚Das Wort, das aus meinem Mund hervorgeht, wird nicht leer zu mir zurückkehren, sondern es wird ausrichten, was mir gefällt und durchführen, wozu ich es gesandt habe...'

Als ich begann, die Bibel zu lesen, war ich tief berührt von ihrer Botschaft. Das Evangelium überzeugte mich, dass der Weg Jesu richtig und wahr ist. Durch das Wort Gottes wurde mein Herz verändert. Ich übergab mein Leben Jesus – und damit begann die Verfolgung.

Einer meiner Brüder ist ein ‚Mullah', ein muslimischer Anführer. Meine Eltern gaben in der Tageszeitung bekannt, dass ich nicht mehr Mitglied ihrer Familie sei. Alle Erbrechte wurden mir entzogen.

Sie drohten mir mit dem Tod, vertrieben mich aus dem Haus, und während 19 Jahren sah ich sie nie mehr.

Ich musste Karatschi verlassen, schwere Zeiten und Hunger standen mir bevor. Schliesslich habe ich Christen kennen gelernt, die mich bei sich aufnahmen.

Nachdem ich an der Universität Grujzan Sala den Doktortitel in Theologie zum Thema ‚Bekehrte Muslime' erlangt hatte, heiratete ich und begann meinen Dienst als Pastor.

Eines Tages kam ich im Rahmen einer Evangelisation in meine Vaterstadt. Als meine Familie davon erfuhr, kamen sie und wollten mich zum Islam zurückbringen.

Sie versprachen mir dafür ein schönes Haus und den Chefposten eines Unternehmens. Doch meine Frau, meine Kinder und ich antworteten, dass unser Leben Jesus gehöre.

In Jesus Christus bin ich fröhlich und voller Friede. Saafer, mein Name, bedeutet in Urdu ‚Botschafter'. Und das bin ich

und will ich sein: ein Botschafter Jesu Christi in der Islami-
schen Republik Pakistan!"

„Die Bibel hat mein Leben verändert"

Kiran wohnt in Karatschi in Pakistan. Die junge Muslimin
kam allen Forderungen des Islams eifrig nach – bis das Wort
Gottes ihr Leben veränderte:

„Ich heisse Kiran und bin 24. Als
eingefleischte Muslimin konnte
mich nichts von meiner Überzeu-
gung abbringen.

Von ganzem Herzen betete ich:
‚Dass doch nichts mich vom Islam
abbringt, höchstens du, Schöpfer
des Universums!' Der Islam faszi-
nierte mich, und ich las oft im Ko-
ran. Gerne hätte ich auch Bücher
über andere Religionen studiert,
wie die Bhagavad Gita der Hindus oder die Bibel. Aber ich
besass nur den Koran.

Eines Tages schenkte mir eine Kollegin der Mittelschule eine
Bibel. Welch eine Entdeckung! Ich las sie mit riesigem Hun-
ger. Jesus Christus beeindruckte mich tief. Beim Lesen der
Bibel fand ich endlich Frieden, es war übernatürlich!

Für einen Muslim ist es schwer, in Jesus Christus den Sohn
Gottes zu erkennen. Aber kein Mensch ist so demütig und so
erfüllt mit Liebe wie Jesus. Er hat sein Leben für uns gege-
ben! Die Bibel ist wahrhaftig Gottes Wort!

Heute bin ich getauft, mein Leben gehört Jesus. Mein Mann
ist auch Christ, wir gehen gemeinsam zur Kirche. Die Bibel
hat mein Leben verändert!"

„Ich hasste die Christen"

Azghar hat den Islam verlassen, um Jesus nachzufolgen. Früher hasste der ehemalige Muslim alle Christen.

Als Pastor Yousaf in sein Dorf kam, hetzte er die Bewohner zu einem Anschlag auf. Doch, wie Azghar erzählt, kam alles ganz anders:

„Alle kannten meinen schlechten Ruf als Betrüger, Drogenhändler und Raufbold. Ich führte ein wüstes Leben. Besonders hasste ich die Christen. Als Pastor Yousaf zu einer Vortragsreihe kommen sollte, plante ich einen Anschlag. Aber dann wurde ich schwer krank. Die Ärzte diagnostizierten Blutkrebs. Meine Tage waren gezählt, und ich verlor alle Hoffnung. Meine Frau und meine drei Kinder weinten den ganzen Tag.

Trotz meiner Feindseligkeit gegenüber Pastor Yousaf besuchte er mich im Spital. Das verschlug mir die Sprache. Im Beisein meiner ganzen Familie bekundete er: ,Ich bin gekommen, um für dich zu beten!' Zutiefst beschämt getraute ich mich nicht aufzublicken. Doch wenige Tage nach seinem Gebet stellte der Arzt erstaunt fest: ,Sie sehen viel besser aus!' Die angeordneten Bluttests zeigten es: Es gab keine Spur mehr von Blutkrebs!

Daraufhin nahmen ich und meine Familie Jesus Christus in unser Leben auf! Er hat mich vom Krebs und von meinem bösen Leben errettet! Heute bin ich ein ehrlicher Mann. In unserem Dorf ist eine kleine Kirche entstanden. Danke für die Bibel, die mir geschenkt wurde!"

Ihr jüngster Sohn lag im Sterben

Yousaf (30) und Tasleem (28) wohnen in Punjab, einer Grenzregion von Pakistan. Die Familie lebt in tiefer Armut. Yousaf ist Steinschläger. Für 12 Stunden körperliche Schwerarbeit verdient er nur 2.50 CHF im Tag!

Eines Tages erkrankte ihr jüngster Sohn schwer und fiel ins Koma. Der Arzt diagnostizierte eine schwere, tropische Grippe, das Denguefieber, das durch Mücken übertragen wird.

Für die Behandlung in einem renommierten Spital von Lahore mussten die Eltern von den Nachbarn Geld leihen.

Yousaf und Tasleem haben die Kraft des Wortes Gottes erlebt. Ihr jüngster Sohn (mit Kappe) wurde auf wunderbare Weise dem Tod entrissen.

Die Ärzte unternahmen alles, um das Kind zu retten – vergeblich! Schliesslich gaben die Eltern bei einem Geistheiler ihr letztes Geld aus. Aber auch er konnte nicht helfen.

Nun waren sie verzweifelt. Sie wussten, dass die Krankheit tödlich verlaufen kann. Im Spital beobachteten sie, wie ein Pastor für einen Kranken betete. „Wir waren berührt von seinem Gebet", erzählt Yousaf.

„In seinen Worten war eine seltsame Kraft. Als er das Gebet beendet hatte, flehten wir ihn an, das gleiche für unseren Sohn zu tun, und Tasleem warf sich weinend zu seinen Füssen.

Doch er hob sie auf und betete einfach im Namen Jesus für unseren Sohn. Plötzlich erfüllte tiefer Frieden unsere Herzen."

Am folgenden Tag stellte der Arzt fest, dass es dem Jungen besser ging!

„Aufgeregt wollte ich den Pastor anrufen und ihm sagen, dass unser Kind aus dem Koma erwacht sei. Zudem wollte ich ihn bitten, für seine vollständige Heilung zu beten.

Kaum hatte er den Hörer abgenommen, dankte ich ihm überschwänglich für das Wunder. Doch er unterbrach mich und sagte schlicht: 'Jesus Christus hat Ihren Sohn geheilt!'"

Der Pastor ermutigte das Ehepaar, am Freitaggottesdienst teilzunehmen. In der Kirche hörten sie das Wort Gottes und Zeugnisse von Christen. Yousaf und Tasleem waren überwältigt:

„Wir haben vor Freude geweint und uns entschlossen, den Islam zu verlassen, um Jesus Christus nachzufolgen. Er hatte unseren Sohn geheilt! Doch weil wir Christen geworden waren, feindeten uns unsere muslimischen Nachbarn an. Die Verfolgung begann, und wir mussten in eine andere Stadt ziehen. Wir danken von Herzen für diese schöne Bibel. Unser Sohn ist bei guter Gesundheit, und unser Glaube wächst, denn Jesus Christus lebt!"

„Mein Leben sollte in wenigen Tagen zu Ende sein"

Hakeem ist Lehrer in Raheem in Pakistan. Er bringt das Evangelium zu Muslimen und Hindus in der Provinz Punjab. Hier sein Zeugnis:

„Ich bin 36, Vater von zwei Söhnen und zwei Töchtern. Bei meiner Geburt war meine Familie muslimisch. Doch mit zehn Jahren erkrankte ich an einem Hirntumor.

‚Wir können nichts mehr für Ihren Sohn tun', erklärten die Ärzte meinen Eltern, ‚er wird nur noch wenige Tage leben.'

Da rannte meine Mutter zu einem Pastor und bat ihn an mein Spitalbett. Der Mann Gottes kam und betete für mich, und in kurzer Zeit war ich gesund!

Die Ärzte konnten es kaum fassen. Durch dieses Wunder kam meine ganze Familie zum Herrn Jesus!

Meine Mutter erzählte überall von meiner Heilung. Doch wir wurden verfolgt und mussten umziehen. Später absolvierte mein Vater eine Bibelschule und wurde Pastor.

So wuchs ich im Glauben an Jesus auf, und heute unterrichte ich in dieser Schule. Jeden Tag bete ich mit den Kindern, die aus christlichen und muslimischen Familien stammen."

„Ich war kinderlos und weinte jeden Tag"

In Pakistan offenbart sich Jesus durch Machttaten und wunderbare Heilungen. Ganze Familien werden von Gottes Liebe berührt. Sie wenden sich Jesus zu und werden Christen.

Suraya, 37, mit ihrem Mann Obaid. Sie stammt aus einer Hindufamilie und wohnt in Raiwind in Pakistan. Suraya war unfruchtbar, doch heute hat sie drei Kinder.

Suraya heiratete mit 22, doch sie war unfruchtbar. Aber Gott wirkte ein Wunder, und heute ist sie Mutter von drei Kindern: Youab ist acht Jahre alt, Abishay sechs und Rahma drei Jahre. Suraya erzählt:

„Meine Geschichte ist ähnlich wie die von Hanna im Buch Samuel. Sechs Jahre war ich schon verheiratet, doch ich

blieb kinderlos. Die Ärzte stellten fest, dass ich unfruchtbar war.

Daraufhin wollte mein Mann sich scheiden lassen. Seine Familie spottete und witzelte über mich. Ich fühlte mich elend und weinte tagelang – ich hatte keine Hoffnung mehr.

Eines Tages aber hörte ich von Pastor Yousaf, von Gebet zu Jesus, und dass viele Kranke geheilt würden. So beschloss ich hoffnungsvoll, zur Kirche zu gehen und zu sehen, was dort vor sich ging. Ich war Hindu und hatte viele Gottheiten ausprobiert, doch ohne Erfolg. Nun wollte ich mich an Jesus wenden und wissen, ob der Gott der Christen wirklich existiert und hilft.

Als ich dem Pastor meine Unfruchtbarkeit erklärte, ermutigte er mich, Jesus Christus zu vertrauen, der Wunder wirkt und selbst unheilbare Krankheiten heilen kann.

Während ich das Wort Gottes hörte, wuchs der Glaube in mir. Es war ein wunderbarer Moment! Ich spürte die Gegenwart Gottes, und Hoffnung erfüllte mein Herz. Seit jenem Tag ging ich regelmässig in die Gemeinde, um das Evangelium zu hören. Je mehr ich das Wort Gottes hörte, desto mehr wurde ich gestärkt.

Eines Tages geschah das Wunder: Ich war schwanger – Gott hatte mich berührt! Was unmöglich war, hat Gott möglich gemacht! Meine Hoffnungslosigkeit hat sich in einen Regenbogen der Freude verwandelt. Heute habe ich drei Kinder, und ich habe das Lachen wiedergefunden!

Mein Gatte hat sich auch völlig verändert, denn auch er hat Christus als seinen Retter aufgenommen und dient in der Gemeinde. Ich möchte, dass es alle wissen: Jesus ist wunderbar! Er ist lebendig und wirkt Wunder! Danke für die wunderbaren Bibeln, die Ihre Mission unserer Familie geschenkt hat."

Eine Hindufamilie wird verwandelt

Hier die Geschichte von Shumalia. Das ehemalige Hindumädchen ist 26 und wohnt in der Nähe von Lahore.

„In meiner Hindufamilie haben wir immer unsere Gottheiten angebetet und wir lebten ohne grosse Probleme.

Doch eines Tages bekam ich hohes Fieber und musste ins Spital gebracht werden.

Eine Knocheninfektion war die Ursache, doch das erfuhren wir erst später.

Irrtümlich verabreichte mir ein junger Arzt eine falsche Spritze. Da fühlte ich, wie mein ganzer Körper lahm wurde – ich meinte, sterben zu müssen. Weitere Ärzte eilten herzu und versuchten den Prozess zu stoppen – zu spät!

Mit Bedauern und Entschuldigungen der Ärzte wurde ich entlassen – gelähmt! Mein Rücken schmerzte furchtbar. Meine Eltern riefen hinduistische und muslimische Heiler zu Hilfe. Sie gaben viel Geld aus, doch es gab keine Besserung. Ich war in grosser Not und konnte nur noch weinen.

Eines Tages hörten wir von einem Pastor mit Namen Nasir. Er betete zu Jesus für die Heilung von Kranken, und viele wurden gesund.

In ihrer Not wandten sich meine Eltern an ihn und sagten:

– Tun Sie ihren Zauber, egal welchen, wenn nur unsere Tochter geheilt wird!

Doch Pastor Nasir erklärte uns die Gute Nachricht vom Sohn Gottes, der am Kreuz auch für meine Sünden gestorben ist, wie er sein Blut vergossen hat für meine Missetaten und meine Krankheit! (Jes. 53,5)

Wir beteten gemeinsam. Und dann forderte mich Pastor Nasir auf aufzustehen! Ich gehorchte – und tatsächlich konnte ich wieder auf meinen Beinen stehen! Jesus hatte mich geheilt, wie es sein Wort verheisst! Seit diesem Wunder leben wir alle, meine Familie und ich, für Jesus! Das Wort Gottes ist für immer gültig!"

6. DIE BIBEL UND DIE ERWECKUNG IN AFRIKA

Seit Beginn des 20. Jahrhunderts erlebt Afrika ein einmaliges geistliches Wachstum. Waren es 1900 erst 10 Millionen Christen, sind es heute schon 500 Millionen.

Stammeskriege, Aufstände und Staatsstreiche haben verschiedene afrikanische Länder schwer mitgenommen. Das Klima beeinträchtigt das Leben, der Sklavenhandel hat einige Regionen ausgeblutet, und die Kolonialmächte haben Land und Leute ausgebeutet. Die Länder Afrikas gehören zu den ärmsten der Welt. Sie können sich vorstellen, dass Bibeln eine Mangelware sind!

Der Schweizer Missionar Rudi Lack, Gründer von GLIFA, reiste jedes Jahr nach Afrika, um dort Bibeln zu verteilen, wie hier in einem Flüchtlingslager in Tansania. Er berichtete: „Selten habe ich solch einen Hunger nach Gottes Wort gesehen!"

Josué ist ein kongolesischer Pastor, der nach Simbabwe geflüchtet ist. Er beschreibt den Mangel an Bibeln in den riesigen Flüchtlingslagern von Tongo Gara, 650 km von Harare entfernt:

„Wir mussten unser Land verlassen und nach Simbabwe fliehen. Die Rebellen haben unser Haus geplündert und unsere Mädchen vor unseren Augen vergewaltigt und anschliessend ermordet.

Die Flüchtlinge können diese Gräueltaten nicht vergessen. Es fällt ihnen schwer, den Tätern zu vergeben. Einzig das Evangelium von Jesus Christus kann ihre Herzen heilen. In diesem Flüchtlingslager haben wir eine Gemeinde gegründet, der heute 400 Gläubige angehören. Viele haben ihren ausschweifenden Lebenswandel, geprägt von Unmoral, Prostitution und Drogen, aufgegeben. "

Als wir einen Container mit 50'000 Bibeln in den Kongo lieferten, kamen die Pastoren von weit her. Einige sind stundenlang barfuss durch den Dschungel marschiert, um sie in Empfang zu nehmen!

Milly, heute Koordinatorin von *Jugend mit einer Mission* in Goma im Kongo, beschreibt das Elend der Bevölkerung:

„Ich bin 29 Jahre alt und Vollwaise. Als ich sechs Jahre alt war, wurde mein Vater ermordet. Meine Mutter starb an einer unheilbaren Krankheit. Unser Projekt bei JMEM war es,

jungen Pastoren, die während der vielen Kriegsgräuel alles verloren hatten, Bibeln zu schenken.

Während der Kongokriege sind wir durch die Hölle gegangen: Entführungen, Massaker, Plünderungen, Vergewaltigungen... Die Menschen hungern und haben kein Wasser. Die Not treibt junge Menschen in die Prostitution. Eine Bibel kostet sechs Dollar, hier ist dies ein Vermögen! Wegen der hohen Arbeitslosigkeit und der Armut können sich die Menschen keine Bibel leisten.»

Sogar die Pastoren besitzen keine Bibel...

Liliane Delessert wohnt im Waadtland. Sie ist im Kongo geboren, wo ihre Eltern seit 1929 als Missionare arbeiteten. Jahrelang hat auch sie dort gearbeitet und liebt dieses Land.

Liliane Delessert und ihr Ehemann waren im früheren Zaire Missionare. Jedes Jahr schicken sie einen Container mit Hilfsgütern in dieses arme Land. Wir geben ihnen einige Bibelpaletten mit für die Menschen, die nach Gottes Wort hungern.

Um den Menschen, die sich eine Bibel wünschen, zu helfen, senden Liliane und ihr Ehemann jedes Jahr einen Container in den Kongo.

„Im Kongo sind wir Pastoren begegnet, die so arm sind, dass sie nicht einmal eine Bibel besitzen! Andere haben zerfledderte Bibeln. Ich hätte nie gedacht, dass es möglich ist, Pastor zu sein, ohne eine Bibel zu haben!

Die Armut ist unvorstellbar. Die Provinz Bandundu hat sieben Millionen Einwohner, davon sind zwei Millionen Christen. Sehr wenige besitzen eine Bibel. Mit dem Krieg haben sie alles verloren und mussten aus dem nördlichen Landesteil fliehen. Die Bibeln, die vom Missionswerk *Bibeln via Internet* übergeben wurden, sind ein grosses Geschenk."

„Bitte, eine Bibel!" Ungeduldig strecken diese Männer und Frauen aus Kongo-Brazzaville ihre Hände nach Bibeln aus! Überall in Afrika hungern die Menschen nach dem Wort Gottes.

Jacques-Daniel Rochat, Leiter des schweizerischen Hilfswerks *Enreaid*, beschreibt das grosse Verlangen nach christlicher Literatur, Bibeln und sogar nach einfachen Traktaten:

„Der geistliche Hunger in Afrika hat mich wirklich beeindruckt. Wir hielten in einer Universität in Kinshasa Vorträge.

Dort gab es keine Bibeln, überhaupt keine Bücher und schon gar nicht eine Bibliothek. Am Ende der Veranstaltung gab es ein grosses Gedränge: die Pastoren stürzten sich auf den kleinen Stapel christlicher Magazine! Sie waren bereit, um eine Bibel zu kämpfen! Für uns in der Schweiz ist dieses Verlangen nach christlicher Literatur und Bibeln unvorstellbar."

Livingstone: er starb beim Lesen der Bibel

Der geistliche Hunger in Afrika entstand durch die Erweckungen auf diesem Kontinent. Im Jahr 1900 gab es kaum 10 Millionen Christen in Afrika, im Jahr 1980 erreichte diese Zahl 200 Millionen und heute leben 500 Millionen Christen in Afrika, das entspricht 45 % der Gesamtbevölkerung.

Mutige Missionare haben ihr Leben dafür geopfert, den Afrikanern das Evangelium zu bringen. Einer der bekanntesten ist David Livingstone (1813-1873). Der berühmte schottische Arzt und Forscher sagte:

– Alles was ich bin, verdanke ich Jesus Christus, der sich mir in seinem göttlichen Buch, der Bibel, offenbart hat.

Seine Ausdauer und Hingabe

David Livingstone hat die Gute Nachricht mit grosser Ausdauer und Hingabe ausgesät.

Nach 16 Jahren in Afrika war er krank und durch 27 erlittene Fieberkrankheiten geschwächt. Er konnte seinen linken Arm nicht mehr bewegen, weil ein Löwe ihn angegriffen hatte. Aber vor den Studenten der Universität in Glasgow sagte er mit bewegter Stimme:

– Gottes Wort hat mich in den Zeiten der Prüfungen, des Leidens und der Einsamkeit durchgetragen. Jesus verheisst uns: ,Siehe, ich bin bei euch alle Tage bis an der Welt Ende.'

Während 32 Jahren war Livingstone im Herzen Afrikas unterwegs, um das Evangelium zu verkündigen. Meistens zu Fuss, aber auch zu Pferd, mit Ochsenwagen oder im Einbaum durchquerte er Sümpfe, Wüsten und Urwälder, um das Wort Gottes unerreichten Stämmen zu bringen, und so ebnete er seinen Nachfolgern den Weg.

In einem besonders feindlichen Umfeld war er ständig Gefahren ausgesetzt, er litt unter dem unerbittlichen Klima, den Fieberschüben und der Grausamkeit der Menschen.

Und dennoch führte er mit Beharrlichkeit den Auftrag fort, für den er sich von Gott berufen wusste. Er war bereit, für die Verkündigung des Evangeliums alles zu opfern: „Ich spüre, dass das Heil einer einzigen Seele weitaus wertvoller ist als die ganzen Mühen, die es gekostet hat."

Zu dieser Zeit wurde dem Missionar die grausame Plage des Sklavenhandels in Afrika bewusst. Er fühlte sich verpflichtet, die Nationen Europas davor zu warnen.

Mehr denn zuvor sah er die Notwendigkeit einer starken Präsenz von Missionaren mitten im Herzen Afrikas. Sie würden durch ihre Botschaft und ihren Einfluss diesen abscheulichen Menschenhandel bekämpfen, der sich in ganz Afrika ausbreitete.

Um aber dieses Ziel zu erreichen, müsste er diese unerschlossenen Gebiete erforschen, Wege bahnen, Landkarten erstellen. Wenn dies seine Berufung sein sollte, durfte er dann seine Frau und seine Kinder den vielen Gefahren aussetzen?

So beschloss er, seine Familie nach Europa zurückzubringen, auch wenn diese Entscheidung ihm sehr schwer fiel.

Dann brach er von Ostafrika nach Westen auf, zum Atlantik. Feindliche Stämme bedrohten ihn, Hunger, Regenfälle und Sümpfe machten ihm zu schaffen... Sechs Monate dauerte die über 2'400 Kilometer lange Durchquerung Afrikas.

Er reiste nur noch auf einer Trage

Leider wurde zu Hause seine Frau bald von Malaria dahingerafft. So war Livingston gezwungen, seine Heimreise nach England anzutreten, um sich um seine Kinder zu kümmern. Doch im August 1866 kehrte er für die Suche nach den Nilquellen an die Ostküste im südlichen Afrika zurück.

Diese Reise war wegen der herrschenden Trockenheit und den Krankheiten, die Menschen und Vieh dezimieren, sehr beschwerlich, aber auch wegen der Feindseligkeit der Sklavenhändler. Die meisten seiner Begleiter verliessen ihn, stahlen seine Medikamente und erzählten überall, Livingstone sei tot!

Trotzdem liess er sich von seinen Forschungsreisen nicht abhalten und machte Notizen von seinen Entdeckungen. Während dieser schweren Zeit las er die Bibel viermal.

Der Missionsarzt setzte seine Forschungsreisen fort, die Sümpfe konnten ihn nicht daran hindern. Aber bald hatte er wieder Fieber, er spuckte Blut und hatte überall Schmerzen. Schliesslich war er so geschwächt, dass er sich nur noch auf einer Trage liegend fortbewegen konnte. Seine treuen Begleiter taten das Menschenmögliche, um seine Not zu lindern.

Eines Morgens im Mai 1873 wurde Livingstone kniend vor seinem Bett aufgefunden. Er war in der Nacht gestorben während er betete. Vor ihm lag die aufgeschlagene Bibel an der Stelle, wo die Worte Jesu ihn immer durchgetragen hatten:

„Und siehe, ich bin bei euch alle Tage bis an der Welt Ende."

Seine Diener beschlossen, alles zu tun, um seinen Leichnam in sein Heimatland zurückzuführen. Sie balsamierten ihn ein, wickelten ihn zunächst in gerollte Rinden und dann in ein Segeltuch ein und begaben sich auf eine 2'400 Kilometer weite Reise, die vier Monate dauern sollte. Im Februar 1874 kamen sie in Sansibar an.

Zwei Monate später wurde David Livingstone im Westminster Abbey in London vor einer grossen Menschenmenge beigesetzt. Er hatte sein Leben gegeben, um Jesus Christus und sein Wort in Afrika zu verkündigen.

Erweckungen in Afrika

Selbstverständlich war Livingstone nicht der Einzige, der das Evangelium nach Afrika brachte. Charles Studd (1860-1931) wandte sich Afrika zu, nachdem er in China für das Missionswerk von Hudson Taylor gearbeitet hatte. Er gab sich dem Auftrag mit Herz und Seele hin. Der Preis, den er dafür bezahlte war hoch, aber die Ernte unermesslich.

Der erfolgreiche Cricketspieler und Sohn eines reichen Teeplantagenbesitzers verschenkte sein ganzes Vermögen und wurde zum Boten Gottes. Sein Leitmotiv lautete: „Wenn Jesus Christus Gottes Sohn ist und er für mich starb, kann dann irgendein Opfer zu gross sein, um es ihm darzubringen?"

1914 beschrieb Studd die aufgeladene Stimmung in einer Gebetsstunde während der Erweckung im Belgischen Kongo:

– Die Anwesenden weinten, sangen und bekannten ihre Sünden. Während ich das Gebet leitete, kam der Geist mit Macht über die Versammlung. Ich zitterte am ganzen Leibe. Wir sahen wunderbare Dinge, Menschen, die buchstäblich vom Geist Gottes wie „trunken" waren, als wären sie „voll süssen Weines", so wie die Apostel an Pfingsten (Apg 2,13).

In den Jahren 1946 bis 1949 erlebte der Belgische Kongo nochmals das Wirken Gottes. Die Menschen hatten Visionen, viele taten Busse. Zauberer verbrannten ihre Fetische und wandten sich Jesus zu.

Nach seiner Unabhängigkeit im Jahre 1960 erlitt der Belgische Kongo, der später Zaire genannt wurde, ein grausames Blutbad.

Die Rebellen foltern Hunderte von Pastoren und Tausende von Christen. Ganze Gemeinden wurden ausgelöscht. In einem Dorf wurden die Christen in eine Kirche geführt und bei lebendigem Leibe verbrannt.

Trotzdem erlebte die verfolgte Kirche in Zaire nochmals eine bemerkenswerte Erweckung. Hervorgegangen durch das Gebet leidender Christen, angefacht durch das übernatürliche Wirken Gottes, wuchs die Gemeinde Christi und entwickelte sich zu einer mächtigen Untergrundbewegung.

Tausende von Zairern, die von den Massakern an der eigenen Bevölkerung in Angst und Schrecken versetzt worden waren, entschieden sich, Jesus nachzufolgen. Ein Rebelle stellte fest:

– Je mehr Christen wir töten, desto mehr werden sie. Sie haben eine Macht, die wir nicht haben.

Heute sind die Menschen enttäuscht von der Politik und wenden sich massenweise Jesus zu. Ein Pastor erzählt:

„In der langen Zeit während der wir von unseren Missionaren getrennt waren, wirkte der Geist Gottes auf wunderbare Weise.

Wegen der Massaker und Verfolgungen beteten und fasteten die Pastoren unseres Bezirkes. Während wir im Gebet verharrten, kam der Geist Gottes auf wunderbare Weise auf uns herab und beschenkte uns mit seinen Gaben. Er sagte uns vieles durch Weissagungen, die sich danach auch erfüllten.

Während wir in unseren Gemeinden predigten, überführte uns der Heilige Geist von Sünde. Unzählige Männer und Frauen nahmen den Herrn Jesus an. Sie bekannten ihre Sünden und brachten ihre heidnischen Fetische, so wie in Apostelgeschichte 19,17-20. Diese Erweckung dauerte acht Monate.“

Zu wenig Bibeln

Durch diese zahlreichen Erweckungen entstand in Afrika ein grosses Verlangen nach dem Wort Gottes.

Der deutsche Theologe und Religionswissenschaftler Dr. Thomas Schirrmacher stellt fest, dass sich die Zahl der Christen in Afrika seit 1970 verdreifacht hat.

Aber die meisten afrikanischen Geschwister sind zu arm, um eine Bibel zu kaufen. Der Schweizer Missionar Laurent Luder erzählt:

– Von den 60 Anwesenden eines Sonntagsgottesdienstes besass ausser dem Pastor kein Gemeindemitglied eine Bibel. Es war also fast unmöglich, sie im Wort Gottes zu unterrichten. Wie sollen sie ohne Bibel verstehen, was das Buch Genesis oder die Offenbarung ist?

Jean-Michel Ngoyi, Pastor der Gemeinde *Néhémie* im Kongo, schreibt uns:

– Wussten Sie, dass die Christen hier in Afrika Jesus lieben, aber sich keine Bibel besorgen können? Wir arbeiten im Regenwald in grösster Armut. Wir haben schon 27 Gemeinden mit über 10'000 Gläubigen gegründet. Aber weil wir das Geld nicht haben, konnten wir ihnen keine Bibel geben.

„Mein schönstes Geschenk"

Wie andere Länder Afrikas, leidet der Togo unter der Armut und den politischen Unruhen. In den Buschgemeinden versammeln sich Tausende von Gläubigen, aber es gibt kaum Bibeln.

Fenou, eine 41-jährige Togolesin, war überglücklich, als das Paket mit der Bibel endlich per Post ankam:

„Ich heisse Fenou und bin allein erziehend. Durch Ihr Missionswerk habe ich diese wunderbare Bibel erhalten, mein schönstes Geschenk! Sie können sich nicht vorstellen, wie ich mich über sie freue!

Diese Bibel ist ein grosser Schatz. Sie bringt Licht in mein Leben, trotz meiner Schwierigkeiten beim Lesen, denn ich sehe schlecht.

Ich bin durch dunkle Zeiten gegangen. Mein Verlobter hat mich wegen einer anderen Frau verlassen, und meine ganze Familie hat sich gegen mich gestellt. Müde und depressiv, weinte ich Tag und Nacht. Wegen meiner Sehbehinderung nahm eine Frau mich bei sich auf. Jetzt lesen und studieren wir die Bibel gemeinsam.

Ich war erfüllt mit Bitterkeit und Groll, aber dank Gottes Wort konnte ich vergeben. Die Bibel hat mir die Gewissheit geschenkt, dass Jesus mein Retter ist; er hat sein Blut für mich vergossen und mich befreit von allem Unheil.“

Eine ärmliche Kirche im ländlichen Afrika. Die Wände sind aus Palmzweigen, der Boden aus gestampfter Erde. Es ist eine der Kirchen von Pastor Akutsa in Togo. Wir haben ihm 1'500 Bibeln gesandt. Diese Christen können nun endlich Gottes Wort lesen.

Die Bibel verändert einen Voodoo-Priester

Agba war Voodoo-Priester und ist nun Evangelist! Er schreibt uns aus Togo:

„Als ich 18 Jahre alt war, wurde ich von den Ältesten meines Dorfes dazu auserwählt, die Nachfolge meines verstorbenen Vaters als Voodoo-Priester anzutreten.

Ich habe geheiratet, und meine Frau schenkte mir einen Sohn. Doch kurz nach der Geburt starb dieses Kind, und ich wurde schwer krank. Da verliessen mich meine Frau und alle meine Freunde. Trotz der Beschwörungen der Dorfältesten versank ich in tiefer Hoffnungslosigkeit.

Im Alter von 32 Jahren begegnete ich einem Evangelisten aus dem Nachbardorf, der dafür sorgte, dass ich ins Spital kam. Während einem seiner Besuche erzählte er mir die erstaunliche Geschichte eines Gelähmten, der von Jesus am Teich Bethesda, in Jerusalem, geheilt wurde (Johannes 5,2-9):

"Es ist aber in Jerusalem beim Schaftor ein Teich, der auf Hebräisch Bethesda heisst und der fünf Säulenhallen hat.

In diesen lag eine grosse Menge von Kranken, Blinden, Lahmen und Abgezehrten, welche auf die Bewegung des Wassers warteten. Denn ein Engel stieg zu gewissen Zeiten in den Teich hinab und bewegte das Wasser. Wer nun nach der Bewegung des Wassers zuerst hineinstieg, der wurde gesund, mit welcher Krankheit er auch geplagt war.

Es war aber ein Mensch dort, der 38 Jahre in der Krankheit zugebracht hatte. Als Jesus diesen daliegen sah und erfuhr, dass er schon so lange Zeit in diesem Zustand war, sprach er zu ihm: Willst du gesund wer-

den? Der Kranke antwortete ihm: Herr, ich habe keinen Menschen, der mich in den Teich bringt, wenn das Wasser bewegt wird; während ich aber selbst gehe, steigt ein anderer vor mir hinab. Jesus sprach zu ihm: Steh auf, nimm deine Liegematte und geh umher! Und sogleich wurde der Mensch gesund, hob seine Liegematte auf und ging umher."

Dann schenkte er mir die Bibel. Als ich in diesem Buch las, wurde mir klar, dass ich schwer gesündigt hatte, und ich bedauerte dies sehr und entschloss mich, Jesus Christus nachzufolgen.

Nur wenige Wochen später, vernahm ich vom Tod dieses Mannes, der mich auf den Weg der Wahrheit und des Heils geführt hatte. So beschloss ich, an seine Stelle zu treten und in den Dörfern und Spitälern die Gute Nachricht zu predigen, wie er es bis zu seinem Tod getan hatte. Auf diese Weise konnte ich schon Seelen für meinen Heiland gewinnen. Die Kranken in den Spitälern bitten mich unaufhörlich um Bibeln."

„Wir haben echte Kugeln geschossen"

Sakibou ist Soldat im Togo. Er erzählt, wie Gott sein Leben verändert und ihn von seinen Schuldgefühlen befreit hat:

„Per Zufall bin ich auf Ihre Internetseite gestossen. Gelobt sei Gott, denn ich benötige Bibeln für meine Kameraden!

Ich bin Elitesoldat im Militärlager von Atakpame, einer Stadt, die 257 km von der togolesischen Hauptstadt Lomé entfernt liegt.

Ich war Muslim, aber jetzt bin ich Christ und lebe in Frieden. Ich gehörte zu den Militärtruppen, die nach den Wahlen vom April 2005 Gräueltaten verübten. Wir schossen mit echten Kugeln auf unbewaffnete Menschen.

Zwei Monate später begann die Hölle für mich. Tag und Nacht spielten sich die begangenen Schreckenstaten erneut vor meinen Augen ab, so dass ich nicht mehr schlafen konnte.

Ich wurde schwer krank und musste ins Spital gebracht werden. Ich lag im Sterben, und die Ärzte konnten nichts mehr für mich tun. Viele Muslime kamen an mein Krankenbett. Sie taten, was sie konnten, um mir zu helfen, aber ohne Erfolg.

Auch ein Freund aus meinem Wohnquartier, ein Christ, besuchte mich. Er betete für mich und übergab mir ein Neues Testament. Drei Tage später ging es mir schon besser. Auch eine Pastorin kam und betete für mich. Ich bekannte meine Sünden und tat Busse.

Danach las sie in Jesaja 1,18: „So kommt denn und lasst uns miteinander rechten, spricht der HERR. Wenn eure Sünde auch blutrot ist, soll sie doch schneeweiss werden, und wenn sie rot ist wie Scharlach, soll sie doch wie Wolle werden."

Jesus Christus hat am Kreuz für mich gelitten und er hat mir das Heil gegeben! Jetzt, wo ich wieder gesund bin, lese ich meinen Kameraden aus dem Wort Gottes vor, denn viele Armeeangehörige kennen die Geschichte von Jesus nicht.

Bereits haben ungefähr 20 meiner Kampfgefährten über ihren Sünden Busse getan und sind wiedergeboren. Sie besitzen keine Bibel, und ich flehe Sie an, uns Bibeln für diese Soldaten zu senden.»

Christen kopieren die Bibelverse von Hand...

In den Buschgemeinden in Afrika werden während des Gottesdienstes die Bibelverse langsam vorgelesen, so dass die Gläubigen von Hand mitschreiben können.

Nach seiner Rückkehr aus Madagaskar beschreibt der südafrikanische Missionar Peet Simonis die Armut in diesem Land:

„Madagaskar ist ein sehr armes Land. Nur wenige Christen besitzen eine Bibel. In einigen Gegenden gibt es für 20 Gemeinden nur zwei Bibeln.

Ich war sehr gerührt, als ich sah, wie zwei Mütter das Wort Gottes von Hand abschrieben. Pierrette ist eine allein erziehende Mutter von drei kleinen Kindern. Monique wurde von ihrem Mann verlassen, und nun verkauft sie Gemüse am Strassenrand, um sich und ihre sechs Kinder zu ernähren.“

Diese zwei gläubigen Mütter aus Madagaskar schreiben Bibelverse von Hand ab. Wie viele andere Madagassen sind Pierrette und Monique zu arm, um eine Bibel zu kaufen.

„Ein Wunder, nun besitze ich eine Bibel!"

Eva schreibt uns aus Ambohijatovo in Madagaskar:

„Ich danke Ihnen von ganzem Herzen. Die Bibel, die Sie mir geschickt haben, ist gut bei mir angekommen. Ich habe Christus schon als meinen Herrn und Heiland angenommen, aber bisher hatte ich noch keine Bibel.

Nun halte ich sie in meinen Händen, das ist für mich ein Wunder! Ich hungere nach dem Wort Gottes. Ich bin sicher, dass Jesus mich wirklich liebt, da er mir eine eigene Bibel schenkt! Sie ist meine Lebensnahrung, sie schenkt mir mein Leben lang Glück und weist mir den Weg. Sie ist mein einziger und alleiniger Trost. Gott ist nicht ungerecht und wird nicht vergessen, was Sie für mich getan haben. Gott sei immer mit Ihnen.»

Erweckung in Äthiopien

In Afrika ist Äthiopien einzigartig. Es wurde nie kolonialisiert und ist neben Armenien das älteste christliche Land der Welt. In der Bibel wird es einige Male erwähnt, angefangen im 1. Buch Mose. Wer kennt nicht die Königin von Saba und die Taufe des Kämmerers aus Äthiopien?

Trotz aggressivem Islam verbreitet sich das Evangelium unter Muslimen und Imamen! Die finnischen Missionare Niilo und Heikki bitten uns um Bibeln:

– In Äthiopien offenbart sich Gott den Muslimen durch Wunder und Heilungen. Er erscheint ihnen sogar in einigen Moscheen. Bitte helft uns mit Bibeln!

In Äthiopien ist der Islam überall präsent; Harar wird als heilige Stadt des Islams betrachtet. Niilo erzählt:

– Bei einer Evangelisation in Negesso haben sich 24 Muslime zu Jesus bekehrt. Doch andere Muslime begannen, Steine auf uns zu werfen. Die Menge spaltete sich in zwei Lager. Die Gegner schrieen: „Ihr stehlt unsere Familien, um sie zum Christentum zu bekehren!" Nachdem sich aber der Staub gelegt hatte, wollten viele weitere Muslime ihr Leben Jesus anvertrauen.

Manche glauben, dass Äthiopien, so wie einige andere afrikanische Länder, eine Erweckung erlebt. In der Region Awasa gibt es heute 35'000 Christen und über 300 Gemeinden!

Der finnische Missionar Hannu beschreibt, wie Gott in diesem Land wirkt und schickt uns mehrere Berichte:

– Im April haben wir in Awasa, einer Stadt mit 125'000 Einwohnern, eine Evangelisation durchgeführt. Eine grosse Menschenmenge, 25'000 an der Zahl, ist gekommen, um das Evangelium zu hören, und ungefähr 500 Menschen haben sich bekehrt. Manchmal taufen wir 300 Menschen zugleich oder noch mehr. Wie zur Zeit der Apostel lässt Gott Wunder geschehen, spricht durch Visionen, befreit aus dämonischer Macht und heilt Kranke.

Eine Menschenmenge neubekehrter Christen lässt sich im Zewaysee in Äthiopien taufen. Das ergreifende Bild erinnert an die Apostelgeschichte.

Ein Besessener wird frei

Hannu erzählt:

„Letzte Woche, auf dem Marktplatz von Arsi, wurden wir Zeugen von der wunderbaren Befreiung eines Besessenen. Auf dem überfüllten Marktplatz erschien plötzlich ein junger Muslim, von allen als „Verrückter" bekannt – völlig nackt! Er war verstört. Mit erstaunlicher Kraft verwüstete er alles.

Die meisten Leute rannten vor ihm davon, doch ich blieb zusammen mit einigen anderen Christen. Wir wurden von der

Liebe Gottes für diesen Mann ergriffen und beteten für ihn. Um uns herum spotteten einige, andere sahen neugierig zu.

Wir beteten in der Vollmacht und im Namen Jesus und geboten den finsteren Mächten zu weichen. Da beruhigte sich der Mann auf der Stelle. Er sprach ganz normal mit uns und wollte wissen, warum er hier sei! Natürlich waren alle riesig über diesen Wandel erstaunt. Jemand eilte, um ein Leintuch zu kaufen und den Mann zu bedecken, denn jetzt wurde er sich seiner Nacktheit bewusst und schämte sich.

Danach beteten wir mit ihm für ein neues Leben in Christus. Tief verwundert sahen seine Nachbarn später den „Verrückten" Gott lobend und dankend auf einem Pferd heim reiten. Nach dieser spektakulären Heilung erkundigte sich ein reicher Muslim bei uns:

– Wo ist eure Kirche? Ich möchte mehr über diesen Gott wissen, der den Menschen so konkret und übernatürlich hilft!"

Aus einer Moschee wird eine Kirche!

„Nach einem Wunder wurde eine Moschee in eine Kirche verwandelt! In einem Dorf sind wir Kedija begegnet, einer muslimischen Hausfrau, die 12 Jahre lang gelähmt und bettlägerig war. Sie hatte alles versucht, um gesund zu werden. Auch ein Zauberer hatte sie ein Jahr lang behandelt - vergeblich.

Kedija war verzweifelt. Ihre Krankheit wurde immer schlimmer. Nun wartete sie nur noch auf den Tod. Eines Tages bot ein weiterer Geistheiler, ein Scheich, seine Hilfe an:

– Für 2'000 äthiopische Birr (160 CHF) kann ich dich in einer Nacht heilen!

Doch Kedija besass bereits nichts mehr. Ihre beiden Töchter hatten dem Gespräch zugehört und machten einen überraschenden Vorschlag.

– Mama, wenn dieser Mann dich heilen kann, dann wollen wir beide zum Lohn seine Ehefrauen sein!

Die Mutter war entsetzt:

– Ihr seid doch erst 14 und 15 Jahre alt! Wie könnte ich euch diesem 75-jährigen Greis geben?

– Wir sind zu allem bereit, wenn du nur gesund wirst, antworteten die Mädchen.

Sie liessen nicht locker, bis die Mutter nachgab. Unter den neugierigen Blicken der Dorfbewohner begann der Heiler seine Behandlung mit einer betäubenden Pflanze. Die ganze Nacht hindurch nahm er seine Beschwörungen vor, aber Kedija blieb gelähmt.

Beim Morgengrauen ging er beschämt davon. Einige Tage später riet ihr eine Freundin:

– Lass doch die Christen für dich beten! – Aber denen kann ich ja auch kein Geld geben, seufzte Kedija. Darauf antwortete ihre Freundin: – Ich glaube nicht, dass sie Geld wollen.

So bat Kedija die Christen zu sich. Sie besuchten die Schwerkranke zusammen mit einem Missionar. Dieser fragte sie: – Bist du bereit, das Heil in Jesus Christus anzunehmen?

Kedija bejahte, und so betete er im Namen Jesus für diese arme, gelähmte Frau und segnete sie. Unterdessen hatte sich das Haus mit den Muslimen gefüllt, die zuvor den Gebeten des alten Scheichs zugehört hatten. Der Missionar lud sie alle ein, ihr Leben Jesus anzuvertrauen. Sie antworteten ihm: – Wenn du Kedija heilst, dann wollen wir deinen Jesus aufnehmen.

Der Missionar betete weiter, als plötzlich diese seit zwölf Jahren gelähmte Mutter aufsprang und zu schreien und zu weinen begann. Die anwesenden Dorfbewohner brachen ebenfalls in Tränen aus. Ungefähr zwanzig Personen waren

anwesend – und alle übergaben ihr Leben Jesus Christus,
allen voran der Ehemann von Kedija!

Einer der anwesenden Männer war tief berührt. Auf seinem
Grundstück befand sich eine private Moschee. Diese stellte
er den Christen als ersten christlichen Versammlungsort zur
Verfügung. Dieses Wunder löste eine Erweckung in diesem
mehrheitlich muslimischen Teil Äthiopiens aus. Kedija aber
lobt Jesus für ihre Heilung und vor allem, dass das Heil in
ihr Haus und ihr Dorf gekommen ist.»

Ruanda – die Bibel bringt Versöhnung

1994 erlebte Ruanda einen schrecklichen Völkermord. In nur
100 Tagen wurden eine Million Tutsi ermordet.

5'000 Christen hofften, ihren Peinigern zu entkommen und
flohen deshalb in die Kirche von Ntarama. Doch sie wurden
dort alle grausam abgeschlachtet. Bis heute werden dort die
Gebeine der hier ermordeten Menschen aufbewahrt.

Die Schädel weisen die Schlitze und Löcher auf, die ihnen
mit Macheten und Beilen zugefügt worden waren.

Das Wort Gottes hilft heute den Ruandern, sich zu versöh-
nen. Die nationale Versöhnung ist nur durch das Lesen der
Bibel möglich und wird von den Behörden unterstützt.
Constantin, Student der Geisteswissenschaften, schreibt uns:

– In meiner Kindheit habe ich Schreckliches erlebt. Ich war
neun Jahre alt, als die Massaker und der Völkermord ausbra-
chen. Unser Land wurde verwüstet und vom Hass zerstört.

Die Regierung Ruandas ermutigt zur Versöhnung zwischen
den Volksgruppen durch das Gebet und das Evangelium.
Heute bin ich 21 Jahre alt, ich liebe meinen Nächsten und ich
liebe Gott. Vielen Dank für die Bibeln, die unsere Schule
durch ihr Missionswerk erhält! Sie sind ein kostbarer Schatz
für unser Volk.

In Ruanda hilft Gottes Wort, die Erinnerungen an die schreckliche Vergangenheit zu vertreiben, zu vergeben und sich zu versöhnen. Emmanuel, 20 Jahre alt, Schüler an der Schule in Gikongoro, schreibt uns:

– *Während des Genozids wäre ich fast gestorben. Durch ein Wunder hat Gott mich bewahrt. Heute wollen die Menschen in Ruanda sich wieder miteinander versöhnen, was menschlich gesehen unmöglich ist. Das können wir nur mit der Hilfe Jesu, durch Gebet und das Lesen der Bibel erreichen.*

Der folgende Vers aus der Offenbarung 21,4 ist wie für uns aufgeschrieben: „Und Gott wird abwischen alle Tränen von ihren Augen, und der Tod wird nicht mehr sein." Wir sind zu arm, um Bibeln zu kaufen. Bitte, helfen Sie uns!

Die Bibel verändert einen Mörder

Casimir ist ein Mörder. 1994 beteiligte er sich an den Massakern. Doch heute hat Jesus sein Leben verändert. Pastor Joseph erzählt seine Geschichte:

„Casimir Ngwabije, 46 Jahre alt, hat während des Völkermordes Menschen umgebracht. In der Folge wurde sein eigener Bruder vom Bruder eines Opfers erschlagen. Die Gewalt- und Rachespirale nahm ihren Lauf.

Für sein Verbrechen verurteilt, verbrachte Casimir sechs Jahre im Gefängnis. Im Jahr 2003, nach seiner Entlassung, schenkten wir ihm eine dieser kleinen roten Bibeln, die wir von Ihrem Missionswerk in der Schweiz erhalten hatten. Er las darin, und das Wort Gottes berührte sein Herz.

Heute bezeugt er, dass er durch das Bibellesen seine Sünde erkannt und Vergebung empfangen hat. Er will Jesus Chris-

tus nachfolgen. Casimir hat sich sogar mit der Familie des Opfers versöhnt. Sein Leben ist wirklich verwandelt!"

„Niemand konnte meine Wunden heilen..."

„Ich heisse Karangwa Alexis. Meine Familie wurde während des Völkermordes getötet, mein Vater und neun meiner Ge-

schwister. Ich hätte nie geglaubt, dass aus den Menschen so viel Böses hervorgehen kann.

Diese grauenhafte Tatsache machte mein Herz krank und betrübt. Ich war alleine in dieser Dunkelheit, und in mir wuchs ein unerträglicher Hass gegen alle Angehörigen der Hutu.

Ich versuchte, im Alkohol Zuflucht zu finden, aber der Hass wurde nur um so grösser. Niemand konnte meine Wunden heilen.

Eines Tages wurde ich zu einer Evangelisationsveranstaltung eingeladen. Hier wurde mir klar, dass ich Jesus brauche, und ich vertraute ihm mein Leben an. Das Wort Gottes tröstete mich und heilte meine Seele.

Dank Jesus konnte ich denen vergeben, die mir so viel Schmerz zugefügt hatten und ich möchte mich mit ihnen versöhnen. Der Bibelvers in Jesaja 53,5 befreite mich vom Hass und hat mich geheilt:

„Aber er ist um unsrer Missetat willen verwundet und um unsrer Sünde willen zerschlagen. Die Strafe liegt auf ihm, auf dass wir Frieden hätten, und durch seine Wunden sind wir geheilt."

Seither spüre ich einen tiefen Frieden in meinem Herzen und ich begann, die vielen Mörder in Gefängnissen zu besuchen und ihnen die Gute Nachricht zu erzählen, dass Jesus auch ihnen Vergebung und Frieden schenken kann.

„Ich habe sieben Familienmitglieder verloren"

Aus dem Spital Gitwe in Ruanda sendet uns Marie-Louise diesen Brief:

„Danke für Ihr Bibelpaket. Wir freuen uns sehr darüber! Sie haben den Vers aus Sprüche 19,17 in die Tat umgesetzt:

– Wer sich über die Armen erbarmt, leiht dem Herrn, und der wird es ihm vergelten.

Ich bin verheiratet, Mutter von vier Kindern und arbeite als Krankenschwester im Spital von Gitwe.

Der Krieg vertrieb uns als Flüchtlinge für drei Jahre in den Kongo; dort verlor ich meinen Sohn. In meiner Familie kamen sieben Menschen durch den Völkermord um. Meiner Tante, die auf eine Mine trat, musste ein Bein amputiert werden.

Liebe Freunde in der Ferne, beim Bibellesen habe ich erkannt, dass Gott Liebe ist. Jesus errettet uns vom ewigen Tod. Gott führt uns ins verheissene Land."

„Ich bin über Leichen geklettert…"

Adria Mukansonera aus Ginsenyi in Ruanda wurde vergewaltigt, ihr Mann ermordet. Mit der Hilfe Gottes konnte sie den Mördern vergeben. Sie dankt für die Bibeln und erzählt:

„Ich wurde 1968 in einer ungläubigen Familie geboren. Aber ich habe Jesus Christus gefunden und ihm mein Leben anvertraut.

Beim Völkermord von 1994 wurde mein Mann getötet. Böse Männer haben mir Grausames zugefügt, aber Gott hat nicht erlaubt, dass ich sterbe.

Schwer verwundet und bewusstlos wurde ich zu den Toten in eine Grube geworfen.

Mitten in der Nacht kam ich zu mir und stellte fest, dass ich noch lebte. Ich kämpfte, um aus diesem Loch herauszukommen. Mit meinem dicken Bauch (ich war schwanger), kletterte ich über Leichen, und schliesslich schaffte ich es!

Dank Gottes Erbarmen lebe ich noch! Kurze Zeit später kam mein Kind zur Welt. Es war kalt, ich war mittellos und hatte nichts, um das Neugeborene zuzudecken.

Es war eine schreckliche Zeit. Aber die Liebe und der Schutz meines Herrn bedeckten uns. Das Baby ist nicht gestorben, es lebt heute noch.

Ich möchte der ganzen Welt bis in die fernen Länder erzählen, welche Wunder der Herr für mich vollbracht hat. Gott sagt:

– Vergeltet niemand Böses mit Bösem! Seid auf das bedacht, was in den Augen aller Menschen gut ist.

Dieses Wort hat mich berührt, und ich habe es befolgt. Der Herr hat mein Herz vom Hass und vom Zorn gegenüber meinen Peinigern geheilt. Er hat es erfüllt mit Liebe für meine Feinde. Es macht mir sogar Freude, sie im Gefängnis zu besuchen und dafür zu beten, dass Gott ihre Sünden vergibt. Ich schenke ihnen Bibeln.

Ich ermutige alle, die von anderen verletzt worden sind, diesen Personen zu vergeben. In der Vergebung liegt ein Schatz des tiefen Friedens. Der Herr hat die Macht, uns diesen Frieden zu schenken, wenn wir bereit sind, den Weg der Vergebung zu gehen. "

Mali – Jesus in Timbuktu, der Stadt der Moscheen

Leicht vergisst man, dass viele Länder Schwarzafrikas zum grössten Teil muslimisch sind. In Mali sind 95 % der Bevölkerung Muslime. Dennoch handelt Gott auch in diesem Land. Jesus offenbart sich und tut Wunder.

Pastor Nouh Ag Infa Yattara liebt die Bibel. Er ist Präsident des Bundes der evangelischen Baptistengemeinden in Mali, verheiratet mit Fati und hat drei Söhne. Er lebt mit seiner Familie in Timbuktu, der fünftheiligsten Stadt des Islams nach Mekka, Medina, Jerusalem und Kairouan.

Pastor Nouh wurde in Hotels, öffentlichen und koranischen Schulen und sogar von der Islamischen Universität von Timbuktu eingeladen, um über Jesus zu erzählen. Muslime, die die Bibel kennen lernen möchten, richten ihre Fragen oft an ihn.

Eines Tages kam ein Militäroffizier zu ihm, um ihm eine Vision mitzuteilen. Er erzählte ihm, Hunderte von Muslimen hätten am Rand der Wüste einen Mann gesehen, der über dem Boden schwebte und ein Buch in der Hand hielt. Sie erkannten in ihm Jesus und in dem Buch die Bibel.

Der Koran spricht auch über Jesus. Dieses Geschehnis hat viele Muslime berührt. Und sie verehren diejenigen, die Visionen deuten können, denn diese haben einen hohen Stellenwert im Islam.

Dieser muslimische Offizier reiste von weither, damit Pastor Nouh ihm erkläre, was die Bibel über Jesus Christus sagt. Dank dieser Vision kamen zahlreiche Muslime zu Jesus. Sogar eine christliche Sendung ist dadurch zustande gekommen!

Nouh Ag Infa Yattara ist Pastor in Mali. Er wohnt in Timbuktu, der fünftheiligsten Stadt des Islams. Seine Bekehrung ist ein Wunder.

Timbuktu liegt am Rande der Sahara. Es ist eine Touristenattraktion wegen den Kamelen und den Tuareg, die hier leben. Diese Wüstenstadt im Herzen Afrikas nennt man auch *Stadt der Moscheen*. Die Islamische Weltliga hat 2006 Timbuktu zur *Islamischen Hauptstadt der Weltkultur* ernannt.

Gott ist gross, Er tut Wunder... sogar in der Stadt der vielen Moscheen! Diese Stadt braucht Bibeln. Nouh schreibt:

– Unsere Gemeinde zählt 137 Gläubige. Mehr als 700 Muslime haben an unserer Evangelisationsversammlung am Heiligen Abend teilgenommen! In Timbuktu müssen acht von zehn Konvertiten aus Angst vor Verfolgungen fliehen, denn die ganze Gegend wird von fanatischen Islampredigern aufgehetzt.

Sie verlieren ihre Arbeit und können ihre Familien nicht mehr ernähren. Die von Ihrer Mission geschenkten Bibeln sind ein wahrer Schatz! Wir haben sie während eines Seminars hier in Timbuktu an die Gemeindeleiter in Mali verteilt.

Die Evangelisation unter den Muslimen ist immer eine grosse Herausforderung, aber der Heilige Geist wirkt. 70 % der Teilnehmer dieses Seminars hatten einen muslimischen Hintergrund.

Eben haben wir den Sohn eines Marabuts (im Volksislam ein islamischer Heiliger) getauft. Seit zwei Jahren folgt er treu dem Herrn. Jeden Monat wenden weitere Muslime dem Islam den Rücken zu, um sich Jesus anzuvertrauen.

Vom Koran zur Bibel

Die Bekehrung von Pastor Nouh ist ein Wunder. Hier ist sein Zeugnis.

„Ich wurde in einer muslimischen Familie in Timbuktu geboren. Man nennt diese Stadt auch ‚die Geheimnisvolle' wegen ihres religiösen Einflusses. Sie gilt als eine der heiligen Stätten des Islams. Gemäss einer muslimischen Überlieferung wird sie von 333 Heiligen, die um die Stadt herum begraben sind, bewacht.

Jeden Freitag werden diese Heiligen in den Friedhöfen verehrt, um deren Segen, Schutz und Heilung zu empfangen. All dies versetzt die Bewohner in eine stetige Furcht vor den Geistern und in einen Fanatismus für den Islam.

Nie hätte ich gedacht, dass ich in einem solch religiösen Um-feld jemals Christ werden könnte. Ich hasste die Christen, betrachtete sie als „Kaffer" (Ungläubige) und der Hölle ge-weihte Gotteslästerer.

Die Marabuts warnten sogar, sich von einem Christen berüh-ren zu lassen, weil sonst dieser Körperteil im Letzen Gericht abgeschnitten und in die Hölle geworfen würde.

1978 liess sich mein Cousin, der Christ geworden war, nach seiner Pastorenausbildung in Timbuktu nieder. Natürlich beschloss ich, ihn zum Islam zurückzuführen. Aber schon bald erstaunten mich seine Kenntnisse über Gott.

Auch ass er nie, ohne vorher Gott für seine Güte und Liebe gedankt zu haben. Er tat dies in meiner Muttersprache, dem Tamasheq. Das hat mich sehr berührt.

Jesus ist stark, stark, stark!

Allmählich änderte sich meine Ansicht über die Bibel, und ich begann sie zu lesen. Den Islam wollte ich jedoch nicht aufgeben.

Ich forderte meinen Cousin heraus und behauptete, dass ich dank meiner Macht als Marabut unsichtbar werden und ihm Gegenstände, z.B. Bücher, entwenden könne. Doch er erwi-derte, dass ich dies nicht einmal versuchen solle, denn der Name Jesus sei der Name über allen Namen, in dem die gan-ze Macht Gottes liege.

Dennoch sprach ich dreimal meine Zauberformel und streckte meine Hand nach diesen Gegenständen aus. Da geschah etwas Unerwartetes. Ich begann wie Espenlaub zu zittern und konnte nur ‚Jesus ist stark! Stark! Er ist stark!' hervorbringen!

Mein Cousin erklärte mir dann: ‚Jesus lebt und vollbringt heute noch Wunder im Leben der Menschen. Die Propheten hingegen starben alle.' Er las mir die Verse aus Markus 16, 6-20 vor.

Diese Stelle hat mich sehr beeindruckt, denn als Muslim hatte ich keine Heilsgewissheit. Ich konnte nur sagen: ,Vielleicht, so Gott will, werde ich gerettet.' Aber dieser Abschnitt versichert: ,Wer gläubig und getauft worden ist, wird errettet werden.'

Deshalb fragte ich ihn:

– Bist du deines Heils sicher?

Ohne Zögern beteuerte er, dass er die Gewissheit habe, nach seinem Tode ins Paradies zu kommen. Dies machte mich nachdenklich. Am 10. Januar 1978 vertraute auch ich mein Leben diesem wunderbaren Gott an, und am gleichen Tag warf ich alle Amulette und Marabutbücher, aus denen ich Macht und die Formeln für die weisse Magie geschöpft hatte, auf einen Haufen und verbrannte sie.

Verfolgung und Gottes Hilfe

Aber dann kam das Unausweichliche: Ich wurde von meinen Eltern unter Druck gesetzt. Mit Tränen und Erpressung wollten sie mich zwingen, meinen neuen Glauben aufzugeben.

Doch ich blieb standhaft. Da wurde mein Vater zornig. Er wollte mich nicht mehr als seinen Sohn anerkennen und forderte alles zurück, was er mir gegeben hatte: mein Zimmer, die Möbel und sogar meine Kleider. Und er schrie mich an:

– Fort von hier!

So überreichte ich ihm den Koffer mit meinen Kleidern und wollte gehen. Da befahl er mir, auch Hemd und Hose auszuziehen. Auf diese Weise wurde ich von meinen Eltern mitten in der Nacht fortgejagt. Ich floh in die Kapelle der christlichen Mission.

Am folgenden Tag gaben mir christliche Geschwister einige Kleider. Sie beteten mit mir für meine Eltern und alle Freunde, die mich wegen meines Glaubens verfolgten. Doch Jesus ist der einzige Weg, der zu Gott führt.

Gott hat meine Gebete erhört. Eines Tages holten mich meine Eltern in die Familie zurück. Mein Vater sagte: – Mein Sohn, ich bleibe immer dein Vater; ich kann dich nicht aufgeben.

Gott hat das Herz meiner Eltern berührt und sie vorbereitet, meinem Zeugnis und meiner Botschaft zuzuhören. Gott sei gelobt für seine unsagbare Gabe, Jesus Christus, durch den jeder Mensch das Heil erlangen kann (Apg. 4,12)!

Nach meiner Bekehrung

Gott hat in meinem Leben vieles bewirkt. Ich betrachte Gott als meinen Vater, voller Liebe und Mitgefühl. Er befreite mich von der Todesfurcht und gab mir die Gewissheit des ewigen Lebens. Jesus erfüllte mein Herz mit Frieden und Liebe für ihn und die Christen.

Jesus hat mich auch vom Aberglauben und der Furcht vor den Zauberern befreit. Früher hatten sie mich dazu verführt, Opfer darzubringen, um mich vor Flüchen und Zauberei zu schützen. Das Blut Jesu schenkt mir nicht nur Vergebung, sondern auch einen vollkommenen Schutz!

Ich ermutige meine christlichen Brüder, die durch Zweifel oder Prüfungen gehen: – Harret aus, meine Brüder, denn Jesus Christus ist der einzige Weg, die Wahrheit und das Leben; niemand kommt zum Vater, ausser durch ihn (Joh.14,6).

Ich bete für alle meine muslimischen Brüder, die den wahren Gott noch nicht kennen, dass er ihnen durch dieses Zeugnis oder auf andere Weise gewähren möge, Jesus zu begegnen, dass sie den in der Heiligen Schrift verheissenen Messias kennen lernen und ihn als ihren Retter annehmen.

7. NEPAL – DIE BIBEL, ERWECKUNG UND WUNDER

Nepal schmiegt sich an die Südhänge des Himalayas, die *Wohnstätte des Schnees* (in Sanskrit). Das Land ist eingeklemmt zwischen zwei Riesen, den Grossmächten China und Indien.

Wie die Schweiz ist Nepal ein Berg- und Binnenland. Im Süden breitet sich die Tiefebene des *Terai* auf nur rund 100 Metern über dem Meeresspiegel aus, während die Gipfel des Mount Everest über 8'800 Meter in den Himmel ragen.

Lediglich ein kleiner Teil ist mit Strassen erschlossen, 80 % des Landes kann nur zu Fuss erreicht werden. Die Hauptstadt Kathmandu zählt 820'000 Einwohner. Nepal ist das ärmste Land Asiens.

Von 25 Christen 1960 – zu einer Million heute!

Bis 1950 war Nepal ein von der Aussenwelt abgeschlossenes und für Ausländer unzugängliches Land. In einem Bericht von *Operation Welt* schreibt der Missiologe Patrick Johnstone, dass in Nepal 1960 nur gerade 25 Christen lebten! Heute erreicht ihre Zahl eine Million! Man spricht von einer christlichen Erweckung.

Lange war es in Nepal verboten, eine andere Religion als den Hinduismus zu praktizieren. Es war der einzige offizielle Hindustaat der Welt. Für Christen war es äusserst schwierig, ihren Glauben zu leben. Wer sich taufen liess und bei der Polizei verraten wurde, musste für ein Jahr ins Gefängnis, während der taufende Pastor für diese Tat gar mit sechs Jahren Haft bestraft wurde!

Dieses Gesetz wurde erst 1990 abgeschafft. Doch auch danach waren die Christen Verfolgungen ausgesetzt, wenn auch nicht mehr von Seiten der Regierung.

In der restlichen Welt beteten die Christen über viele Jahre, dass sich dieses geheimnisvolle Land für das Evangelium und den Gott der Liebe öffnen möge.

Heute ist Nepal ein Brennpunkt des Christentums. Die neue Verfassung garantiert Religionsfreiheit. In 50 Jahren wuchs die Zahl der Christen aussergewöhnlich schnell, schneller als in jedem anderen Land der Welt. Hindus machen noch immer zirka drei Viertel der Bewohner aus, ein Teil sind Buddhisten, bereits drei bis vier Prozent sind Christen; das Christentum wächst rasant.

Ein Menschenmeer, welch ein Bild für die ausserordentliche Erweckung, die Nepal erfasst! An Ostern 2009 feiern 25'000 Christen Jesus in den Strassen von Kathmandu. in einem Land, wo es vor 50 Jahren nur 25 Christen gab!

Die erste Kirche wurde 1957 in Ram Ghat gegründet. Heute zählt das Land 6'000 Gemeinden und Hauskirchen. Im ganzen Land schiessen Kirchen und Gemeinden wie Pilze aus dem Boden. Die Hälfte der Christen gehört unabhängigen Gruppierungen an. Man vermutet, dass sich die Zahl der Christen in den nächsten Jahren verdoppeln und die 2-Millionengrenze überschreiten wird.

Pastor Yam Tamang aus dem Dorf Gorkha, 150 km von Kathmandu entfernt, stellt fest: „Vor zwanzig Jahren wollten mich die Hindus in meinem Dorf steinigen. Heute sind die meisten der 350 Familien im Dorf Christen. In diesem Distrikt folgen 20'000 Personen Jesus Christus nach."

Die Erweckung in Nepal kommt durch das Wort Gottes. Die Bibel ist das meistgesuchte Buch der Welt. Doch das Land ist arm. Nur wenige können sich eine Bibel leisten.

Bibeln via Internet setzt einen Schwerpunkt auf Nepal. Es ist nicht einfach, die Bibeln in die Bergdörfer des Himalayas zu bringen. Im Jeep, mit Eseln oder von christlichen Sherpas werden sie auf schwindelerregenden Pfaden hochtransportiert.

Diese jungen, 18-jährigen Nepalesen tragen 400 Bibeln zu den Bergkirchen. Sie sind über sechs Berge gestiegen, um nach Sing Gang zu gelangen. Elf Stunden Marschzeit, mit 60 kg auf dem Rücken. In ihrem Dorf gab es keine einzige Bibel! Seit Jahren beteten die Christen um Bibeln.

Dr. Cindy Perry stellt nach Beendung ihrer Studie über die Kirche Nepals fest: „Was hier geschieht, ist einzigartig.

Wenn ein Nepalese sich bekehrt, wird er sogleich ein Evangelist."

Wir haben bereits 600'000 Bibeln, Bilderbibeln für Kinder, Evangelien und Broschüren gedruckt und verteilt. So haben die Schweizer Christen rund 2 % der Bevölkerung Nepals das Wort Gottes geschenkt!

„Gott wirkt Wunder. Taube hören, Kranke werden geheilt", freut sich Pastor Raju. Ein Mann legte neun Stunden Fussmarsch zurück, um von Jesus zu hören und sein Leben ihm anzuvertrauen! Im Dorf Geti haben wir für Prema Rana, eine 28-jährige Frau, gebetet. Sie litt an unheilbarem Thyphusfieber. Kein Arzt hatte ihr helfen können. Im Traum sah Prema Christen, die zu ihr kamen und mit ihr beteten. Als wir für sie zu Gott flehten, heilte Jesus Prema augenblicklich, und sie übergab ihr Leben ihrem Retter!"

Diese Christinnen einer Bergkirche in Nepal sind ins Gebet vertieft. Hier besitzt kaum jemand eine Bibel. Wir bringen klassische Bibeln in diese Region, aber auch Bilderbibeln für Kinder. Sie sind begeistert von der Geschichte Jesu.

Die Schweiz ist sehr aktiv in der Entwicklungshilfe in Nepal. Genauso helfen Schweizer auf der christlichen Ebene, das Land geistlich zu ernähren.

Gott öffnet uns eine Tür in Nepal

Im Alter von sechs Jahren hörte ich das erste Mal über Nepal sprechen. Sir Edmund Hillary und der Sherpa Tenzing hatten soeben die legendäre Erstbesteigung des höchsten Gipfels der Erde, den Mount Everest, geschafft. 1953 machte diese Leistung rund um die Welt Schlagzeilen. Doch über das Christentum in diesem Land wusste ich wenig, bis Gott uns 2009 eine Tür für die Bibelverbreitung in Nepal öffnete.

Während der ersten sieben Jahre haben wir Bibeln in 150 Ländern auf allen Kontinenten verbreitet – aber keine einzige in Nepal!

Eines Tages erhielt ich eine Anfrage von Tim, dem Direktor der Druckerei *New Life Literatur* in Sri Lanka, die einen Teil unserer Bibeln für Asien druckt. Er bat uns mitzuhelfen beim Druck von 50'000 Markus-Evangelien in zehn verschiedenen Sprachen Indiens und Nepals.

Einer unserer Mitarbeiter schlug vor: – Vielleicht ist es Zeit, Nepal mit Evangelien zu dienen?

Ungefähr zur selben Zeit erschien in der amerikanischen Zeitschrift *Charisma* ein Artikel über *Die zehn geistlichen Brennpunkte der Welt*. Nepal war ganz an die Spitze gelangt als das Land, in dem das Christentum am schnellsten wächst, noch vor China und Indien, die an zweiter und dritter Stelle folgten.

Einer unserer asiatischen Mitarbeiter stellte uns Pastor Amos Tiwari in Kathmandu vor. Mit ihm errichteten wir einen Stützpunkt zur Bibelverbreitung in Nepal. So hat Gott uns in dieses Land geführt, das mitten im Umbruch steht. In unserer Statistik ist Nepal von null an die Spitze geschnellt.

Es ist heute das Land, in dem wir die meisten Bibeln verbreiten – vor Indien, Kongo und Pakistan.

„Jeden Tag weinte ich"

Als Pastor Bhin Lama aus Singol (Distrikt Bara) seiner Dschungel-Kirche bekannt gab, dass wir kommen und Gratisbibeln bringen würden, verbreitete sich die Nachricht wie ein Lauffeuer. Aus allen Himmelsrichtungen strömten die Christen herbei, um den lang ersehnten Schatz in Empfang zu nehmen.

Unter den ersten kam Dulat Yaba an, ein 57-jähriger Bauer aus dem Dorf Sandhadi (Makwanpur, Naraqani). Er hatte fünf Stunden Fussmarsch hinter sich gebracht – mit seinen von Lepra zerfressenen Füssen! Er erzählte uns, was Jesus in seinem Leben getan hatte:

„Ich bin verheiratet und Vater von sechs Kindern, vier Knaben und zwei Mädchen. Ich kümmerte mich gut um meine Familie, aber vor einigen Jahren erkrankte ich an Lepra, und meine Zehen verfaulten. Ich litt unerträgliche Schmerzen in den Beinen. Während vier Monaten konnte ich überhaupt nicht mehr arbeiten und weinte jeden Tag.

Ich wollte unbedingt gesund werden und suchte Hilfe bei Schamanen. Mindestens fünfmal suchte ich auch den Arzt auf. Dabei gab ich 7'000 Rupien aus (100 $) – ein Vermögen für mich. Doch die Krankheit wurde immer schlimmer. Meine Nachbarn wollten keinen Kontakt mehr mit mir haben, sie mieden mich und sagten:

– Du wirst sowieso bald sterben

Eines Tages hörte ich am Radio eine Evangeliumssendung und beschloss, zur Kirche zu gehen. Dort nahm ich Jesus Christus als meinen Herrn und Retter in mein Leben auf. Das war vor acht Monaten. Seit jenem Tag verschwanden die Schmerzen langsam, und die Krankheit kam zum Stillstand.

Meine Frau begeleitet mich zur Kirche, doch die anderen Familienmitglieder haben Jesus noch nicht gefunden. Bitte betet für sie!"

Im Dschungel von Nepal verteilt May Chappuis Bibeln, die von Schweizer Christen über die Mission „Bibeln via Internet" gespendet wurden. Die Gläubigen stehen geduldig Schlange. Ganz vorn Doulat Yaba, ein 57-jähriger Bauer. Trotz seiner von der Lepra zerfressenen Füssen war der Wunsch nach einer Bibel so gross, dass er fünf Stunden marschierte, um keinen Tag länger darauf warten zu müssen.

„Ich habe das Traktat 18-mal gelesen!"

Im Hinduismus, der Hauptreligion in Nepal, werden unzählige Gottheiten verehrt wie z.B. die Götter Krishna, Radha, Vishnu und Lakshmi.

Die Brahmanen, die Kaste der Priester, sind die einflussreichste Schicht des Kastensystems. Amos wurde in dieser Kaste geboren, in Syangia Walling, einer Hochburg des Hinduismus.

Durch ein unscheinbares Traktat fand Amos ein neues Leben in Jesus Christus. Das Wort Gottes, in einer kurzen Schrift von wenigen Seiten, berührte sein Herz.

Dadurch nahm das Leben von Amos eine völlig neue Wende. Heute ist er Pastor und Leiter eines christlichen Waisenhauses. Er kümmert sich auch um die Verteilung unserer Bibeln im ganzen Land. Pastor Amos erinnert sich:

„Es war vor 14 Jahren. Ich war bei meinem Schuhmacher wegen einem Paar neuer Schuhe. Beim Warten in seiner Werkstatt entdeckte ich ein Büchlein und begann zu lesen.

Es handelte vom Evangelium. Bereits die ersten Seiten fesselten mich. Ich wollte unbedingt mehr erfahren, so lieh ich es mir vom Schuhmacher aus."

„Abends, zu Hause, las ich über Gott und Jesus, und ich konnte nicht mehr damit aufhören. Ich habe das Büchlein immer wieder durchgelesen – 18-mal!

Übermächtige Freude ergriff mein Herz! Ich hatte an 33 Millionen hinduistische Götter geglaubt. Nun entdeckte ich den einzigen Gott, der retten kann!

Doch wo war die Wahrheit? In mir kämpften Hoffnung gegen Zweifel und liessen mir keine Ruhe. Eine innere Stimme schien mir zu sagen: ‚Lies es noch einmal!' So las ich es ein weiteres Mal, und jetzt schmolz mein Herz. Ich kapitulierte vor dieser grossen Liebe Jesus Christi und sprach das einfache Gebet: ‚Herr, vergib mir, ich möchte dein Kind sein!'

Wenige Tage später schrieb ich an die Adresse auf der Rückseite des Büchleins und erhielt eine Bibel. Das Wort Gottes stärkte meinen Glauben. Doch als ich mich entschloss, eine Bibelschule zu machen, verstiess mich meine Familie.

Nun war ich ausgeschlossen aus der Gesellschaft, in der ich aufgewachsen war. Aber die Verfolgung hat meinen Glauben nicht erschüttert. Ich bin glücklich, ein Kind Gottes zu sein!"

In den Bergschulen verkündet Pastor Amos Kindern das Evangelium. Die meisten möchten ein Markusevangelium mit nach Hause nehmen. Wir drucken sie in grossen Mengen für Nepal.

Heute besucht Amos jeden Monat die öffentlichen Bergschulen und erzählt den Schülern Geschichten aus der Bibel. Es ist erstaunlich, dass die Direktoren fast ausnahmslos die Erlaubnis zur Verkündigung des Evangeliums erteilen und dies in einem Land, das maoistisch-hinduistisch geprägt und eigentlich dem Evangelium feindlich gesinnt ist.

Dies ist eines der Wunder der Erweckung in Nepal! In der christlichen Schweiz ist es fast unmöglich, in öffentlichen Schulen das Evangelium zu verkündigen.

„Als Mao-Rebellin habe ich fünf Soldaten getötet"

Kathmandu, Nepal. Shanta Thami, 20, hat als Kindersoldatin in der maoistischen Guerilla bei Kämpfen fünf Soldaten der regulären Armee getötet. Dank der Generalamnestie musste sie nicht ins Gefängnis.

Doch ihr wirkliches Glück ist dies: Nach ihrer vergeblichen Suche nach Wahrheit in der maoistischen Ideologie hat sie den gefunden, der selber die Wahrheit ist: Jesus Christus!

Shanta Thami stammt aus einer sehr armen Hindufamilie. Mit 14 wurde sie in die maoistische Guerilla eingezogen. Sie tötete und sah ihre Kameraden sterben. Die Bilder von Blut und Verstümmelungen raubten ihr den Schlaf.

Shanta Thami liest die von uns erhaltene Bibel. Die unvorstellbare Geschichte des jungen Mädchens erschüttert uns. Shanta gehörte zur maoistischen Guerilla. Bei Kämpfen tötete sie fünf Soldaten

Aber Jesus heilte und veränderte Shantas Leben. Heute, mit 20, ist sie eine „Soldatin" für Jesus Christus. Sie erzählt ihre Geschichte:

Auf der Suche nach einem Ideal

„Vor sechs Jahren ging ich zur maoistischen Guerilla. Meine Familie war arm, und ich war überzeugt, dass wir Armen dank den Maoisten reich werden würden! Ich erwartete eine radikale Veränderung der Situation in meinem Land.

Ein hartes militärisches Kampftraining bereitete mich für den Krieg gegen die nepalesische Armee und die Polizei vor. Alle Gegner der Partei sollten ausgemerzt werden! Sieben Monate Kampftraining – dann war ich bereit. Zwei Tage marschierten wir bis zum Militärlager von Phaparbari im Distrikt Makawanpur.

Wir waren 600 Rebellen und hielten uns für stark genug, um die 300 Armeesoldaten zu besiegen. Die Anweisungen waren einfach: Angreifen – die Verletzten bergen – fliehen. Gegen Mitternacht ging es los. Eine Nacht des Grauens.

Fünfzehn meiner Kameraden starben vor meinen Augen. Mehrere verloren ihre Arme, Beine oder Augen. Einige flohen, andere schrieen vor Schmerzen und riefen um Hilfe.

In dieser Nacht bat ich die Götter, mich vor den Kugeln zu beschützen. Vier lange Stunden – dann war der Kampf beendet, und wir zogen uns ins Lager zurück. Die reguläre Armee hatte ebenfalls fünfzehn Tote und zehn Schwerverletzte zu beklagen.

In der Rebellenarmee hatten wir oft nichts zu essen. Wir begnügten uns mit Blättern von den Bäumen.

Mit nagendem Hunger und Angst im Bauch marschierten wir bei nächtlicher Dunkelheit. Einen Monat später lieferten wir den nächsten Kampf in Bhakundabesi (Distrikt Kavre).

Dort tötete ich fünf Soldaten der nepalesischen Armee. An diesem Tag starben siebzehn maoistische Kämpfer und elf Armeesoldaten.

Blutige Albträume

Ein Jahr später war ich zu Hause auf Urlaub. Meine Familie befand sich in einer notvollen Situation, sie litt Hunger.

In der Nacht verfolgten mich die Bilder der verstümmelten Körper von Soldaten, die ich getötet hatte. ‚Geh nicht zurück zur Rebellenarmee', riet meine Mutter. Deshalb floh ich nach Kathmandu.

Vor drei Jahren legten die Maoisten ihre Waffen nieder, und es wurde eine Generalamnestie erlassen. So wurden wir nicht zur Rechenschaft gezogen.

In Kathmandu fand ich Arbeit in der Küche eines von Christen geleiteten Waisenhauses. Hier entdeckte ich eine wunderbare Atmosphäre des Friedens, der Liebe und der Freude.

Eine Kämpferin für Jesus Christus

Pastor Amos und Jamuna, die das Waisenhaus leiten, erzählten mir vom Evangelium und schenkten mir eine Bibel. Die Zusagen der Bibel erfüllen mich mit Frieden und Freude. Viele Nepalesen erleben dasselbe.

Früher glaubte ich an 33 Millionen Götter und Göttinnen des Hinduismus. Aber allein Jesus konnte meine Sünden vergeben und mir ein neues Leben schenken! Ich habe einen sechsmonatigen Bibelkurs abgeschlossen.

Nun will ich allen, die noch immer zu Millionen Göttern beten, von Jesus erzählen. Meine Eltern und Geschwister kennen den Heiland noch nicht.

Bitte betet, dass Gott mir hilft, wenn ich das Evangelium meinen Landsleuten weitererzähle. Heute bin ich eine „Kämpferin" für Jesus Christus!

„Seit acht Jahren bitte ich Gott um eine Bibel!"

Voller Ehrfurcht schliesst Usha die Augen zum Gebet, bevor sie ihre Bibel öffnet. Die Frau mit Zwergwuchs lebt in Nepal, in einem Elendsviertel von Kathmandu. Wegen ihres Kleinwuchses wird sie oft verspottet. Trotzdem verkündet die mutige Christin unermüdlich das Evangelium. Durch Pastor Amos haben wir Usha eine Bibel geschenkt. Acht Jahre lang hatte sie dafür zu Gott gebetet!

Usha erzählt, warum sie Christin geworden ist:

„Ich war eine eifrige Hindu. Aber dann habe ich einen Christ geheiratet: Chandra Bahadur, er ist sogar noch kleiner als ich. Am Tag, an dem ich ihn zum ersten Mal zur Kirche begleitete, geschah etwas Unglaubliches: Ich spürte, wie der Friede, die Liebe und die Freude Jesu mein Herz erfüllten. Das kann ich nie vergessen!

Wegen meines Glaubens an Christus schlossen mich meine Eltern und Geschwister aus der Familie aus. Und da wir weder Land noch ein Haus besassen, zogen wir nach der Hochzeit nach Kathmandu ins Elendsviertel Balkhu.

Die Bewohner verspotten mich oft, weil ich kleiner bin als sie. Aber ich lobe Gott, denn er hat mir ewiges Leben geschenkt und beantwortet meine Gebete.

Das ergreifende Bild einer christlichen Familie im Elendsviertel Balkhu bei Kathmandu. Usha Shrestha, 41 Jahre, und ihr behinderter Mann Chandra Bahadur, 53 Jahre, nehmen die 6-jährige Sarah liebevoll in ihre Mitte. Mit seinen klobigen Fingern hält Chandra die Hand seiner Tochter. Sarah ist Erstklässlerin in der Slumschule.

Nach der Geburt unserer Tochter Sarah hatte ich zwei Jahre lang heftige Schmerzen. Doch eines Tages, als ich inständig zu Gott flehte, befreite er mich völlig von diesem Leiden. Ich bin Hausfrau, und mein Mann verdient höchstens einen Dollar im Tag. Das ist nicht genug, aber Gott sorgt für uns.

Als Pastor Amos mir diese Bibel überreichte, zersprang ich schier vor Freude und lobte Gott für dieses Geschenk, denn seit acht Jahren bete ich um eine vollständige Bibel, um hier im Slum die Gute Nachricht weiter zu geben."

Als Söldner säte er den Tod – heute bringt er das Leben!

Vor zwanzig Jahren verpflichtete sich Bahadur als Söldner in der indischen Armee in Nagaland.

Dort, fern von seiner Heimat, lernte er Jesus kennen und wurde Christ.

Seit seiner Rückkehr nach Nepal erzählt er seinem Volk, den Tamang, die Gute Nachricht.

Bahadur säte den Tod. Doch heute bringt er das Leben! In seiner Region haben 1'500 Nepalesen ihr Leben Jesus anvertraut.

Nepal – Verfolgung und Wunder

Der alte Weisheitsspruch „das Blut der Märtyrer ist die Saat der Kirche" bewahrheitet sich auch für Nepal. Der Hinduismus war lange Zeit Staatsreligion, die Brahmanen betrachteten das Christentum als Bedrohung für ihr Kastensystem, an derer Spitze sie stehen.

Pastor Lok Bahadur erzählt in seinem Buch *Higher than the hills:* – Die Hindus warfen uns vor, ihre Religion zu zerstören. Sie forderten uns auf, alle unsere Bibeln und christlichen Bücher herzubringen, damit sie vernichtet würden.

Zudem sollten wir Christus öffentlich verleugnen, sonst, so drohten sie, würden sie uns schlagen oder gar töten. Ich musste für einige Zeit aus meinem Dorf fliehen, denn mein Leben war in Gefahr.

Durch blutige Attentate versuchen militante Hindus den hinduistischen Staat wieder herzustellen. „In Tikapur hat die Polizei Pläne für die Zerstörung von 91 Kirchen gefunden", berichtet Pastor Philip Subudi.

Und Pastor Raju Saud aus Dahngudhi stellt fest: „Das Land wird vom Hinduismus dominiert. Christen werden gefoltert und verstümmelt, ihre Kirchen zerbombt."

„Viele Nepalesen kommen zu Jesus, weil sie von Wundern und verändertem Leben hören", beobachtet Pastor Tamang. „Krishna Bahadur war so krank, dass er nicht mehr sprechen und gehen konnte.

Vergeblich hatte er all sein Geld ausgegeben, um Heilung zu finden. Nun hatte er keine Hoffnung mehr, er war nur noch Haut und Knochen. Doch nach dem Gebet ging es ihm jeden Tag besser. Zwei Wochen später war er wieder völlig gesund! Heute versammelt sich in seinem Haus eine neue Christengemeinde."

„Die Männer dachten, ich sei tot "

Bis zu diesem Tag besass Arjun nur seine eigene zerrissene und unvollständige Bibel. Er konnte sie retten, als sein Vater ihn seines Glaubens wegen von zu Hause vertrieb. „Das ist meine Tränenbibel", erklärt Arjun und erzählt seine Geschichte:

Geheilt von Epilepsie

„Vor zehn Jahren litt meine Mutter an furchtbaren epileptischen Anfällen. Sie suchte Hilfe in verschiedenen Spitälern und wurde von zahlreichen Ärzten behandelt.

Mehrmals suchten wir auch den Dorfheiler auf – aber es änderte sich nichts.

Eines Tages sagte jemand zu meinem Vater: ,Christen müssten für deine Frau beten, dann würde sie geheilt.' So luden wir drei Christen aus unserem Dorf ein, und sie beteten in der Vollmacht Jesu für meine Mutter.

Zwei Monate später war meine Mutter völlig geheilt! Sie übergab ihr Leben ihrem Erlöser, und auch ich lud ihn in mein Leben ein.

Im abgelegenen Hindudorf Darkha, in den Bergen des Distrikts Dhanding in Nepal, übergibt Pastor Amos Tiwari dem jungen Arjun Anarash eine Schachtel voller Bibeln für seinen Dienst. Der 25-jährige Evangelist strahlt vor Freude und kann sein Glück kaum fassen! Wegen seines Glaubens an Jesus Christus wurde Arjun Anarash verfolgt und fast zu Tode geprügelt. Sein Vater zerriss seine Bibel. Aber Arjun blieb standhaft. Heute ist er Evangelist und verbreitet die Gute Nachricht in den Bergen Nepals.

Verfolgungen

Leider lehnte sich mein Vater gegen unseren Glauben auf. Er schlug und demütigte meine Mutter unaufhörlich. Nie werde ich den furchtbaren Tag vergessen, an dem ich aus dem Dschungel nach Hause kam: meine Mutter war tot! Sie hatte die Misshandlungen meines Vaters nicht länger ertragen können und sich das Leben genommen.

Gott tröstete mich durch den Bibelvers in Jesaja 41 und berief mich, das Evangelium in den Bergdörfern zu verkündigen. Ich antwortete: ,Herr, salbe mich, um die Gute Nachricht den Tausenden Nepalesen zu bringen, die ohne dich sterben!'

Mein Vater heiratete erneut, eine hartherzige Frau, die mich verfolgte. Eines Nachts näherten sich die beiden meinem Bett. Sie ergriffen meine Bibel und begannen, die Seiten herauszureissen und sie ins Feuer zu werfen. Wütend schmissen sie die Bibel dann zu Boden und zwangen mich, das Haus zu verlassen.

Ich schrie zu Gott um Hilfe und floh weinend ins Dunkle, meine Bibel unter dem Arm. Es fehlten sämtliche Kapitel von Daniel 12 bis Epheser 2.

Um Mitternacht fand ich Obdach im Haus eines Gläubigen. Noch einmal sprach der Herr durch die Verse in Jesaja 41, 9-10 zu mir: ,Mein Knecht bist du, ich habe dich erwählt und nicht verworfen. Fürchte dich nicht, ich bin mit dir...'

Seit jenem Tag steige ich immer wieder zu den Bergdörfern hinauf, um die Gute Nachricht weiter zu geben, und viele Bergbewohner haben sich bereits zu Jesus Christus gewandt.

„Ich bin nicht tot, sondern lebe…"

Vor drei Monaten ging ich ins Dorf Voktani im Distrikt Dhanding. Dort gibt es weder eine Kirche noch einen einzi-

gen Christen. Viele Dorfbewohner kamen, um die Frohe Botschaft zu hören.

Doch plötzlich schritt ein Mann ein: ‚Das ist nicht unsere traditionelle Religion. Du verführst das Volk! Du musst dich unserer hinduistischen Religion unterwerfen!'

Er versuchte, mich zu zwingen, ihre Götter anzubeten, aber ich weigerte mich: ‚Ich kann keine Götter anbeten, ich bin Christ. Ich glaube an den lebendigen Gott!'

Da nahmen sie Stöcke und schlugen überall auf meinen Körper ein. Irgendwann verlor ich das Bewusstsein. Die Männer dachten, ich sei tot, schleppten mich in den Dschungel und liessen mich dort liegen.

Doch einige Stunden später kam ich wieder zu mir, und durch Gottes Gnade gelang es mir, in meine Hütte zurückzukehren. Preis dem Herrn! Ich bin nicht tot, sondern lebe, um die Taten des Herrn zu verkünden! Die Wunden an meinem Körper sind verheilt. Ich bete für meine Verfolger, dass sie doch Jesus erkennen, denn sie wissen nicht, was sie tun.

Danke für diese kostbare Gabe! Ich bin glücklich, dass ich die Bibeln den Christen hier in den Bergen übergeben darf; sie haben das Wort Gottes so nötig! Der Herr segne euch für euer Mitwirken!

Bitte betet für mich und für die Verkündigung des Evangeliums in meinem Dorf und in den Bergen! Danke! Gott segne euch!"

Von Leukämie geheilt

Hari ist überglücklich. Er erzählt, wie Gott ihn von Blutkrebs (Leukämie) geheilt hat.

„Ich war elf, als meine Eltern Christen wurden. Ich musste mit zur Kirche gehen, aber ich glaubte nicht an Jesus.

Mit siebzehn reiste ich nach Malaysia, um Arbeit zu suchen. Ich fand einen Job als Kellner und später als Koch. Doch eines Tages musste ich mit hohem Fieber und starken Magenschmerzen ins Spital eingeliefert werden.

Die Ärzte verordneten mir Spritzen und Medikamente. Trotzdem verschlechterte sich mein Zustand, und meine Kräfte nahmen ab.

Nach zwei Wochen Spitalaufenthalt stellte sich heraus, dass ich Blutkrebs hatte. Ohne viel Hoffnung flog ich zurück nach Nepal, um mich zu Hause behandeln zu lassen.

Ein volles Jahr verbrachte ich in Spitälern und bezahlte 16'000 $ – mein ganzes in Malaysia gespartes Vermögen! Ich schluckte viele Medikamente, doch keines half. Ich wurde immer dünner und schwächer.

Im Spital Patan bei Kathmandu machte ein Christ Krankenbesuche. Er hiess Kharel und gab mir eine Schrift mit dem Titel: ‚Mach dir keine Sorgen, sei glücklich!' Beim Lesen berührte Gott mein Herz, und ich begann zu glauben, dass Jesus Gottes Sohn ist.

Zurück in meinem Dorf suchte ich den Kontakt mit Christen. Der Pastor ermutigte mich: ‚Jesus Christus kann dich durch seine Kraft heilen! Komm zu unserer Gebetsversammlung auf dem Berg.'

Es war ein weiter Weg, und ich war so schwach, dass ich mich beim Gehen auf einen Stock stützen musste. 150 Christen waren zusammengekommen. Sie flehten zu Jesus, dass er mich heile.

Wieder zu Hause fühlte ich mich von Tag zu Tag besser, während viele weiter für mich beteten. Schliesslich wollte ich Gewissheit haben und ging ins Spital zur Blutkontrolle.

Der Arzt wollte es nicht glauben: Da war keine Spur mehr von Leukämie! Er wiederholte die Tests noch zweimal – jedes

Mal das gleiche Resultat! Vor meinem Arzt brach ich in Lob-
preis aus und erklärte ihm, dass Jesus Christus mich durch
ein Wunder geheilt hatte!

Seit jenem Tag bete ich für Kranke und zeuge davon, dass
Jesus lebt, dass er rettet und heilt wie zur Zeit der Apostel.

Heute bin ich Leiter der Kirche in meinem Dorf. Vielen Dank
für diese vollständige Bibel! Es ist meine erste Bibel. Sie hilft
mir bei der Verkündigung des Evangeliums in Nepal!"

Hari Bahadur Tamang wohnt im Bergdorf Darkha (Dhading), am Fuss
des Himalaya. Der Nepalese ist 28, verheiratet und Vater eines kleinen
Mädchens. Jesus hat ihn von Leukämie geheilt. Hari hat von uns eine
Bibel erhalten und ist heute Pastor.

Gott ist der beste Arzt!

Mankabir Tamang, 35, war früher Schamane. Während acht Jahren praktizierte er Geistheilung und Hellseherei.

Manakbir Tamang war früher Schamane. Als wir ihm diese Bibel in Nepali überreichten, traute er seinen Augen kaum: „Eine Bibel! Welch einzigartiges Geschenk!" Vor zwölf Jahren hatte er die Macht Gottes erlebt. Heute verbreitet er das Evangelium in Nepal.

Seit dem Alter von 15 Jahren ist Mankabir ein Anhänger der schamanischen Magie. In seinem Dorf versuchte er, Krankheiten mit okkulten Praktiken zu bekämpfen.

Er schätzt, dass er in seinem Leben Tausende Patienten „behandelt" hat, und viele waren zufrieden mit seiner Dienstleistung. Diese Hilfe war jedoch trügerisch und führte häufig zu okkulten Belastungen. Manche Klienten wurden wahnsinnig oder verhaltensgestört. Mankabir selber verspürte weder Friede noch Liebe in seinem Herzen.

Doch vor zwölf Jahren traf er den wahren Arzt, Jesus Christus, und Mankabir wurde sein Jünger: Er erzählt:

„Eines Tages wurde meine Mutter sehr krank. Scheinbar grundlos schwollen ihre Beine immer mehr an. Als ich feststellte, dass meine Kenntnisse nicht ausreichten, um diese Krankheit zu heilen, holte ich bei anderen Geistheilern Rat ein, jedoch ohne Erfolg.

Schlussendlich riet mir jemand, meine Mutter zur Kirche zu bringen. Während des Gottesdienstes nahm sie Jesus als ihren Retter und Herrn an. Von diesem Tag an besserte sich der Zustand ihrer Beine.

Als Zeuge dieser Heilung öffnete auch ich mich dem Evangelium. Ich machte einen Gesinnungswandel, kehrte der Magie den Rücken und trennte mich von Amuletten und Talismanen.

Natürlich sind viele meiner Klienten zornig darüber, dass ich Christ geworden bin. Doch ich fühle mich viel besser, seit ich die Wahrheit kenne.

Seit sieben Jahren bin ich Ältester in der Kirche von d'Ulangpachito Jharlang. Wenn ich andere Gemeinden besuche, lehre ich auch dort das Wort Gottes.

Diese christlichen Versammlungen brauchen Bibeln. Ich möchte anderen Nepalesen die Liebe Gottes vermitteln.“

„Ich habe 17 Jahre auf eine Bibel gewartet"

Ram Lama ist Nepalese und 75 Jahre alt. Er war Hindu, wie alle Bewohner von Darkha, seinem Dorf im Distrikt Dhanding.

Als Ram zwölf Jahre alt war, weihte ihn sein Grossvater in die Geheimnisse des Geistheilers ein:

Pastor Amos überreicht dem 75-jährigen Nepalesen Ram Lama eine Bibel. Ram war Hindu. Als er zwölf war, weihte ihn sein Grossvater in die Geheimnisse des Geistheilers ein – der Beruf seines Lebens. Doch vor 17 Jahren beschloss Ram, Jesus nachzufolgen. Seit diesem Tag wartete und hoffte er auf eine Bibel.

„*Ich war Geistheiler für vier Dörfer mit insgesamt 12'000 Personen. Ich rief Dämonen an und brachte auf einem grossen Felsblock im Dschungel Opfer dar: Geissböcke, Tauben und Hähne.*

Der Zorn der Götter musste besänftigt werden, damit weder Krankheiten noch Unglück über uns komme.

Die Dorfbewohner behandelten mich wie ihren Gott und knieten vor mir nieder. Sie befolgten meine Anweisungen genau, wenn sie krank waren, Familienprobleme hatten oder wenn Seuchen unter den Herden ausbrachen. Aber trotz meiner Opfer wurden die Bewohner nicht frei von ihren Problemen.

Ich selber fand weder Freude noch Befriedigung in meiner Tätigkeit, doch es war meine Aufgabe, eine Familientradition.

Vor siebzehn Jahren kam ein Mann Namens Tawal Singh aus einem fernen Dorf nahe der tibetischen Grenze zu uns.

Er predigte uns das Wort Gottes. Als ich ihn erzählen hörte, spürte ich, dass er von einem lebendigen Gott sprach, und dass ich an diesen glauben sollte.

Sechs Monate später nahm ich Jesus als meinen persönlichen Retter in mein Leben auf. Ich spürte, wie riesige Freude und Zufriedenheit in mein Leben strömten.

Am Tag meiner Bekehrung kamen wieder mehrere Dorfbewohner zu mir und verbeugten sich mit ihren Opfergaben.

Doch da riet ich ihnen, an Jesus Christus zu glauben, der allein Kranke heilen und ewiges Leben schenken kann. Mehrere haben sich seither zu Jesus gewandt.

Doch viele andere in meiner Region wollen nichts davon wissen. Bitte beten Sie für diese Menschen.

Vielen Dank für die Bibel! Siebzehn Jahre habe ich auf diesen Tag gewartet! Ich hatte kein Geld, um mir eine zu kaufen, aber nun hat der Herr dafür gesorgt!

Ich werde älter, aber mein Freimut in der Verkündigung des Evangeliums wächst. Ich möchte die Gute Nachricht weitersagen und andere zu Christus führen."

„Eines Nachts sprach Jesus direkt in mein Herz"

Gopal war Hindupriester in Indien und Nepal. Er diente den Göttern.
Doch eines Nachts sprach Jesus zu ihm, und er wurde Christ.

„Ich heisse Gopal Yamera. 2004 fand ich zu Jesus, aber früher diente ich den Göttern. Fünf Jahre lang war ich Hindu-Priester in Indien und Nepal.

Die Menschen kamen zu mir, damit ich für sie bete. Ich lehrte sie Mantras, Gebetsformeln, die unaufhörlich repetiert werden müssen. Sie dachten, dass das ständige Wiederholen dieser Rituale sie von der Last der Schuld befreien und sie reinigen würde.

Bei all dem kannte ich selber, der sie als Priester zur Wahrheit führen sollte, weder Frieden noch Freude. Ja, ich war zutiefst unzufrieden mit meinem Leben.

Auf der Suche nach Arbeit reiste ich nach Malaysia. Dort lernte ich eine Christin namens Sapana kennen. Sie erzählte mir von Jesus und von der Guten Nachricht.

Lange interessierten mich diese Geschichten nicht, und ich sagte zu ihr:

– Ich bin Hindupriester und will es bleiben!

Sie gab aber nicht auf, sondern erklärte mir während zwei Jahren immer wieder den christlichen Glauben und das Heil Gottes für alle Menschen.

Und dann sprach Jesus eines Nachts in einer Vision direkt zu meinem Herzen:

– Ich will der Herr deines Lebens sein und dich gebrauchen, um die Wahrheit und die Gerechtigkeit zu verkünden. Ich bin der einzige, wahre Gott!

Tief berührt übergab ich mein Leben Jesus. Fortan wollte ich ihm allein dienen. Sogleich am anderen Morgen rief ich Sapana an, um ihr diese nächtliche Erfahrung zu erzählen, und dass Jesus mein Herr geworden sei. Sie war glücklich!

Bei meiner Rückkehr nach Nepal fand ich eine Kirche und Arbeit in einem Waisenhaus in Huti (Distrikt Darchula).

Seit Jahren wünschte ich mir eine eigene Bibel, nun hat Pastor Amos mir eine geschenkt!

Heute erzähle ich meinem Volk vom Wunder meiner Bekehrung. Viele sind berührt und werden durch die Liebe Jesu gerettet. Ich möchte mein Leben dem Dienst meines Herrn weihen. Herzlichen Dank für diese Bibel!"

ZUM SCHLUSS

Der amerikanische Präsidenten Abraham Lincoln bezeichnete die Bibel als „das beste Geschenk, das Gott den Menschen jemals gemacht hat."

Das Wort Gottes ist ein wunderbares Licht im Dunkel von Zweifel, Trauer, Verzweiflung und Sorgen… „Dein Wort ist meines Fusses Leuchte und ein Licht auf meinem Weg." (Psalm 119,105)

Die Heilige Schrift ist erfüllt mit Leben, und wer darüber nachdenkt, ist wie „ein Baum, gepflanzt an Wasserbächen, der seine Frucht bringt zu seiner Zeit, und seine Blätter verwelken nicht, und alles, was er tut, gerät wohl." (Psalm 1,3)

Durch sein Wort, ausgesät in die Welt, handelt Gott und offenbart sich, heilt und erweckt Nationen:

„Genauso soll auch mein Wort sein, das aus meinem Mund hervorgeht: es wird nicht leer zu mir zurückkehren, sondern es wird ausrichten, was mir gefällt, und durchführen, wozu ich es gesandt habe!" (Jesaja 55,11)

Für Menschen aus allen Völkern, Stämmen und Sprachen gibt es einen Platz im Herzen Gottes, wo jeder Trost, Vergebung und Leben empfangen kann.

Es ist ein Ort, wo unser Erlöser Jesus Christus unsere Tränen abwischen und uns mit seinen liebenden Armen umfangen will. Das einzige Buch, das uns zu Jesus führt, ist die Bibel.

Wenn ein Christ an der Bibelverbreitung in der Welt teilnimmt wird er zum Missionar, zu einem Kanal, durch den Gott alle Völker und alle Menschen segnen will: Christen in Armut, Kriegsflüchtlinge, Muslime, Hindus. Leprakranke, Sterbende. Gottferne, Depressive und alle, die einen Sinn im Leben suchen. Kriminelle, die durch das Gewicht ihrer Schuld erdrückt werden – alle warten sie auf das „Brot des

Himmels" das die Seele ernährt, diesen unermesslichen Schatz, der wertvoller ist als tausend Goldstücke: das Wort Gottes, die Bibel!

INHALT